DELIUS KLASING

K. HAHN

Angetörnt

Der ganz normale Charterwahnsinn

Delius Klasing Verlag

Bibliografische Information der Deutschen Nationalbibliothek

Die Deutsche Nationalbibliothek verzeichnet diese Publikation in der Deutschen Nationalbibliografie; detaillierte bibliografische Daten sind im Internet über http://dnb.d-nb.de abrufbar.

1. Auflage
ISBN 978-3-7688-3541-1
© by Delius, Klasing & Co. KG, Bielefeld

Lektorat: Birgit Radebold, Monika Hoheneck
Einbandgestaltung: Buchholz.Graphiker, Hamburg
Satz: Axel Gerber
Druck: Clausen & Bosse, Leck
Printed in Germany 2012

Delius Klasing Verlag, Siekerwall 21, D-33602 Bielefeld
Tel.: 0521/559-0, Fax: 0521/559-115
E-Mail: info@delius-klasing.de
www.delius-klasing.de

Inhalt

Vorwort

Mitten aus dem Leben sind die Geschichten in diesem Buch – aus dem Leben von Menschen, die Segeln als Hobby oder Sport betreiben und zu der Sorte zählen, die ein kleines, wackliges Boot besteigen, sich vom Ufer entfernen, sich freiwillig Wind, Wellen, Strömungen und anderer Unbill aussetzen und dafür jede Menge Zeit und noch mehr Geld opfern. Selbstverständlich sind alle Namen von Personen geändert, Ähnlichkeiten sind rein zufällig und unbeabsichtigt. Der Realität entsprechen dagegen die Charaktere der Personen und die Handlungen. Die Reviere, Routen und Inseln wurden von uns persönlich erprobt. Angaben zu Häfen, Charterbasen und Restaurants können sich natürlich im Laufe der Jahre verändern. Insbesondere bei Restauranterfahrungen möchte ich zu bedenken geben, dass durch Besitzer- oder Personalwechsel die Lokalität ihre gute Qualität verlieren oder auch verbessern kann, Felsplateaus oder ein Restaurant im Leuchtturm verlieren dagegen selten ihren Reiz. Ebenso sind die Preise für Liegeplätze oder Duschmöglichkeiten einem steten Wandel unterzogen – mal positiv, mal negativ.

Mit viel technischem Schnickschnack kann man Yachten immer besser und bequemer ausrüsten, doch dass es an Bord »menschelt«, gehört zu einem Segeltörn wie das Segel zum Boot, der Horizont zum Meer und der Wind zu den Wellen.

Humor ist, wenn man's trotzdem macht.

K. Hahn

Der Homo sapiens sailensis

Zu Deutsch: Segler! Segler? Na, diese Typen, die einfach nicht begreifen wollen, dass die menschliche Rasse eindeutig aus Landlebewesen besteht und infolgedessen viel Geld ausgeben muss, um sich, wenn schon nicht ständig im, so doch wenigstens auf dem Wasser bewegen zu können. Dazu nutzen sie Holz- oder PVC-Stücke der unterschiedlichsten Größen und Bauart. Sie kaufen Neopren- und Goretexanzüge, um ihre Haut vor dem Wasser zu schützen. Wenn sie abends von ihren Segelausflügen in den Hafen zurückkehren, sind sie verschwitzt und vom Rumhocken auf ihren Booten angeblich völlig fertig. Nichtsdestotrotz lechzen sie jedoch gleich wieder nach Wasser, das sie dann in Form einer Dusche äußerlich anwenden oder aus Flaschen und Tetrapacks literweise in sich hineinschütten, um ihren inneren Flüssigkeitshaushalt auszugleichen. Forschungen und Umfragen haben allerdings immer wieder erschreckende Ergebnisse im Bereich der individuellen Flüssigkeitsaufnahme hervorgebracht: Mehr als 80 Prozent der Segler sollen irgendwann auf vorwiegend alkoholhaltige Getränke umsteigen.

Die wichtigste Eigenschaft der Spezies Homo sapiens sailensis ist, dass sie, wann immer sie eine Minute erübrigen kann und angeblich im Vollbesitz ihrer geistigen Kräfte ist, das Festland verlässt, freiwillig und bei jedem Wetter stunden- oder auch tagelang auf dem Wasser herumsegelt, um sich dann wahnsinnig zu freuen, wenn sie wieder an Land kommt.

Das Segeln selbst ist als gesundheitsgefährdende Sportart zu bezeichnen. Erste Symptome sind der Verlust von zeitlichen, räumlichen und die Umwelt betreffenden Empfindungen. Da erklärt zum Beispiel ein Mitglied dieser Spezies, am Nachmittag segeln zu gehen, und kommt ohne schlechtes Gewissen erst nach Sonnenuntergang heim; ein kleines Sechs-Meter-Bötchen wird in seinen Berichten zur großen Segelyacht und ein Regenschauer zum nur mit Mühe überlebten Gewittersturm. Tiefe Hautbräunung, Nierenschäden infolge längeren Urinrückstaus und manchmal sogar soziale Vereinsamung wegen des Hobbys und Auflösung zwischenmenschlicher Beziehungen zählen zu den Spätfolgen. Wer sich das Segelvirus eingefangen hat, wird es meist lebenslang nicht wieder los. Gemeinsam mit Paddlern, Ruderern, Motorbootfahrern, Surfern und Tauchern wird der Segler der großen Gruppe der Wassersportler zugeordnet, wobei der chronische Verlauf der Krankheit als unumkehrbar gilt und hoch ansteckend zu sein scheint. Das Virus ist von Mensch zu Mensch übertragbar, Spontaninfektionen mit einer Inkubationszeit zwischen einer Stunde und 14 Tagen sind ein bisher ungeklärtes medizinisches Mysterium ebenso wie die immer wieder zu beobachtende völlige Immunität mancher Menschen. Ähnlich einem homöopathischen Medikament können Ehepartner und Kleinkinder als zeitweiliges Linderungsmittel wirken, obwohl sie meist keine dauerhafte Heilung herbeiführen. Das heißt: Kommt eine Frau oder ein Kind ins Spiel, ein Studium oder ein sonstiger neuer Lebensmittelpunkt, kann dieser Umstand zeitweilig das Segelvirus zurückdrängen und die Aufmerksamkeit und das Interesse des Infizierten auf andere Dinge lenken, doch wird in der Regel der Erkrankte über kurz oder lang trotz der flehentlichen Bitten seiner Angehörigen, an Land zu bleiben, wieder auf See hinausgezogen.

In einer Klassifizierungsstufe sind Besitzer von kleineren Booten der Untergruppe Homo sapiens sailensis aquarius zuzuordnen. Sie sind meist sehr gute Schwimmer und Taucher, und ihre Haut unterscheidet sich durch bräunliche, lederartige Strukturveränderungen von der Haut anderer Menschen. Häufig steht Fisch auf ihrem Speisezettel, den sie jedoch entsprechend ihrer Entwicklungsstufe mit mehr oder weniger primitiven Angelgeräten fangen. Ihr Alltag auf den Booten ist von kriechenden, krabbelnden und schlangenartigen Bewegungsabläufen geprägt. Im Alter werden Folgeschäden wie Darmstörungen, Harnstauungen und Bandscheibenschäden diagnostiziert. Auch Leberschäden, die von zwanghaften Manöverschlucken herrühren, sind nicht selten, denn nach alter Seemannstradition ist nach jedem ordentlich ausgeführten Manöver ein Schlückchen wärmenden Alkohols fällig. Die permanent schwankenden Bewegungen auf dem Wasser rufen mitunter Gang- und Standataxien hervor, sobald sich der Segler wieder auf dem Festland fortbewegt.

Die zweite Untergruppe der Segler ist der Homo sapiens sailensis siccus (siccus wie trocken), denn es gibt Exemplare, die es fertigbringen, tagelang zu segeln, ohne zwischendurch auch nur ein einziges Mal das Bedürfnis zu verspüren, ins Wasser zu springen. Dieser Typ wird in gewissen Kreisen in Anlehnung an den technisch begabten, zukunftsorientierten Kapitän Nemo oft auch »Jünger Nemos« genannt. Er bewegt sich auf dem Wasser ausschließlich mit Booten ab einer Größe von 50 Fuß und mehr. Die meisten dieser Artgenossen sind sehr schlechte Schwimmer, einige werden sogar als wasserscheu bezeichnet. Bis auf die bereits beschriebenen Leber- und Nierenschäden kennen

Angehörige dieser Gruppe keine schweren Krankheitssymptome. Sie entwickeln jedoch im Laufe der Zeit eine seltsame Affinität zu weißen Kleidungsstücken mit Uniformcharakter und blinkenden Knöpfen und sind darüber hinaus auch an einer sehr weichen, weißen Haut mit extremer Bräunung des Gesichts und der Extremitäten zu erkennen. Allerdings zeichnen sie sich oft durch Doktor- und Ingenieurtitel aus, wodurch sie einer der höheren Gehaltsklassen angehören und Angehörige der Gruppe H. s. s. aquarius unterwerfen und als Dienstboten ausnutzen können. Trotzdem ist der H. s. s. siccus nicht grundsätzlich bösartig, sondern gilt als unschädlicher, wenn auch wenig sozialer Lebemann, der seinen Luxus allein oder mit einem engen Freundeskreis genießt. Löblich hervorzuheben ist die Tatsache, dass fast alle Angehörigen der gesamten Spezies Naturliebhaber sind und ihr Hobby betreiben, indem sie möglichst lautlos durch das Wasser gleiten, wenig Wellenschlag verursachen, ihren Müll wieder mit nach Hause nehmen und sich an Wasservögeln, Sonnenuntergängen und allen anderen Naturschönheiten erfreuen. Glücklicherweise ist im Allgemeinen zu erkennen, dass die Wassersportler beider Gruppen gelernt haben, mit ihrer Krankheit und deren Folgen gut zu leben. Sie rotten sich in Lagern und Clubs rund um die Wasserflächen der Erde zusammen und versuchen, normale Menschen so wenig wie möglich zu belästigen. Darum: Seid tolerant, lasst sie gewähren, erhaltet ihren Lebensraum. Oder frei nach Archimedes: Störet deren Kreise nicht!

Landratten an Bord

Und auch noch weibliche. Das war mein erster Gedanke, als ich die Crewliste meines neuen Törns durchging. Männlein und Weiblein teilten sich auf im Verhältnis 4:3, was ich mit meiner Wenigkeit auf 4:4 ausgleichen konnte. So was kommt davon, dass man Werbehefte druckt mit Lockrufen wie »Für jedermann geeignet«, »Segelerfahrung nicht nötig« und »Bereitschaft für kleinere Handreichungen erwünscht«. Doch die bevorstehende Tour unternahm ich als Neuling der Charterskipper-Gilde und musste nun die nächsten 14 Tage mit den Umständen vor Ort und auf »meinem« Schiff klarkommen.

Dabei war gleich diese, meine erste selbstständige Tour als Skipper mit einer Überfahrt von ungefähr 300 Seemeilen geplant. Seemännisch sicher und bis ins Detail vorbereitet, fragte ich mich jedoch bald, ob ich mir nicht zu viel zugemutet hatte. Menschlich und gesellschaftlich gesehen! Was hab' ich mir da wieder aufgehalst, hoffentlich kann man die Damen wenigstens in der Kombüse einsetzen, hoffentlich sind sie nicht so zickig, aber wenigstens vom Alter her scheinen sie zu passen – solche und ähnlich unkoordinierte Gedanken kreisten in meinem Kopf, während ich noch allein in der Plicht saß und auf die Ankunft meiner Crew wartete. An die männlichen Teilnehmer verschwendete ich keinen Gedanken. Die haben gebucht, so ist das eben und damit basta. Zwei davon waren wohl auch schon mal auf Schiffen gewesen, es wird schon recht sein.

Bald näherte sich ein munteres Grüppchen, das alle Yachten

aufmerksam musterte, und als die Damen und Herren ihre riesigen Gepäckstücke vor meinem Boot auf den Kai plumpsen ließen und »Hallo, Skipper!« riefen, war mir klar: Das sind meine Begleiter für die nächsten 14 Tage. Die machen ja gar keinen üblen Eindruck, dachte ich gerade, als auch schon die ersten Probleme auftauchten:

»Wie kommen wir da hinüber?«

»Wieso muss man so eine schicke Yacht über ein so schmales Bauarbeiterbrett betreten?«

»Wir wollen segeln und nicht im Zirkus balancieren!«

»Warum gibt es nicht wenigstens ein Geländer?«

»Kann man die Taschen irgendwie rüberkranen?«

Das konnte ja heiter werden! Statt nautischer Kenntnisse brauchte ich hier wohl Geduld und Nervenstärke. Doch nach viel Überredungskunst und mit zitternden Schritten war irgendwann der beziehungsweise die Letzte an Bord angekommen, und entgegen meiner Erwartung ging die Kojeneinteilung innerhalb von Sekunden zur Zufriedenheit aller vonstatten.

Da erwies sich das Verstauen des Gepäcks schon weitaus schwieriger. Ich versuchte, gar nicht hinzuschauen, was alles Sinnloses aus den Taschen auftauchte, und erklärte geduldig dem Jüngling in der Achterkabine die Funktion der Schappschlösser. Als ich mich gerade wunderte, dass die Damen allein hinter die Verschlusstechnik gekommen zu sein schienen, hörte ich einen spitzen Aufschrei aus der Bugkabine.

»Ich habe meine Wattepads vergessen!«

Wattepads!??! Hatte ich die auf einem Törn schon mal benötigt? Große Aufregung, heiße Diskussion, kurz: Wattepads mussten her! Sinnlose Zeitverzögerung? Nein, man musste das positiv sehen, auch wenn mein sorgfältig ausgearbeiteter Zeitplan damit gleich ins Wanken geriet. Bei dieser Gelegenheit stellten wir nämlich fest, dass sich beim Geldumtausch einer auf den anderen verlassen hatte und deshalb noch alle dringend Landeswährung benötigten. (Inzwischen hat sich dieses Problem, dank des Euro, in der Mittelmeerregion weitgehend erledigt.) Also Geld umtauschen und auf zum Supermarkt! Da der Weg sich nur wegen der Wattepads ja nun wirklich nicht gelohnt hätte, wurde der erste Großeinkauf von den Damen gleich mit erledigt – und das, ohne über Essgewohnheiten und Geschmäcker nachgefragt zu haben.

Beim Verstauen der Einkäufe übten wir fleißig das Balancieren auf dem »Bauarbeiterbrett«, und eigentlich war ich als Skipper mit dem Verlauf der Dinge gar nicht so unzufrieden. Ja, wir entschlossen uns sogar noch, umgehend aus dem Hafen zu verschwinden und in einer nicht weit entfernten Bucht die erste Nacht zu verbringen. Also Motor an und erst mal raus ins freie Fahrwasser. Jetzt waren alle wild aufs Segeln.

»So hab' ich mir das Segeln vorgestellt«, hauchte eine der Damen, während sie sich an der Reling entlang zum Vorschiff hangelte, um eingeölt wie eine Sardine einen Liegeplatz für sich zu suchen. »Oh, ein Kavalier an Bord«, waren ihre nächsten Worte, als ich ihr ein Handtuch zum Unterlegen reichte.

Ich erklärte ihr nicht, dass das Handtuch dazu diente, Sonnenölflecken auf dem Teakdeck zu vermeiden, und auch nicht, dass wir unter Maschine liefen und noch gar nicht segelten: Gewisse Illusionen machen das Leben leichter! Eine märchenhaft rote Sonne tauchte ins Meer und beendete unseren ersten Tag. Zufrieden und gemütlich genossen wir unser erstes gemeinsames Abendessen an Bord. Feierabendstimmung, Smalltalk, bei einem ersten Manöverschluck hing jeder seinen Gedanken nach. Meine drehten sich um die offensichtliche totale Unerfahrenheit meiner ersten eigenen Crew. Bisher war ich immer nur als Co-Skipper unterwegs gewesen. Ich beschloss, vor dem Sicherheitstraining mit Schwimmwesten und Lifebelt-Anprobe, das ich für den Morgen plante, ein paar Beruhigungstropfen zu nehmen, um so ruhig wie möglich das zu erwartende Chaos zu überstehen.

Mein erster Irrtum – keine Spur von Problemen, sondern spaßgetränktes Mitwirken! Andächtig lauschten die Frauen meinem Vortrag. Lernten die ersten seemännischen Begriffe und die rote und grüne Markierung von Backbord und Steuerbord kennen. Sie beschlossen spontan, ihre Finger- und Zehennägel in den entsprechenden Farben zu lackieren, und schlüpften dann problemlos in die Lifebelts.

»Skipperchen, das kriegen wir schon hin! Wir vertrauen dir.«

Wie süß! Ganz anders die Herren. Die beiden, die schon mal auf einem Schiff gewesen waren, hatten offensichtlich nur halbherzig zugehört, verhedderten sich mehrfach in den Gurten und hatten wegen ihrer ziemlich überdimensionierten »Mollengräber« Schwierigkeiten, die Schwimmwesten zu schließen. Es begann ein langwieriges Fummeln und Probieren, bis endlich alle Gurte passend eingestellt waren, und wir hatten ordentlich was zu lachen. Da das Lachen gesund ist, ordnete ich eine Wiederholung der Übung für den Abend an und war ganz sicher, dass sie uns jeden Kabarettbesuch ersetzen würde.

Mittlerweile war es Mittag, also entschlossen wir uns, die Gastlichkeit eines kleinen Hafenrestaurants in Anspruch zu nehmen, und übten zuvor noch den Einsatz und Umgang mit dem Schlauchboot. Viel Spaß – aber immer noch keine Meile gesegelt! Zwischen Schwertfischsteak und Calamares im Teigmantel ging ich der Frage nach, was wohl diese Landratten aus dem tiefsten Hessen bewogen hatte, einen Segeltörn zu buchen. Hätte ich bloß nicht gefragt!

Auf einer fünf Tage durchgängigen Fastnachtstour hatte sich das muntere Trüppchen kennengelernt und zwischen Sekt-Orange, Bier und Heringshäppchen beschlossen, im Sommer segeln zu gehen. Mast- und Schotbruch, warum waren die nicht auf Wüstensafari gegangen? Wie sollte ich die verrückte Truppe zwei Wochen lang aushalten und dabei auch noch das Boot von A nach B bringen?

Ich hielt es aus – und wie ich es aushielt. Man soll es nicht glauben: 14 Tage lang kein böses oder gar gehässiges Wort unter den Frauen an Bord. Gemeinsam kauften sie ein, putzten oder werkelten in der Kombüse und gingen mir auf den kleinsten Wink an Deck zur Hand. Alles Leinenmaterial war stets sauber aufgeschossen, und Seeventile und Luken wurden im richtigen Rhythmus wie von Zauberhand bedient. Nachdem ich Sinn und Wirkungsweise des Manöverschlucks erklärt hatte, wurden die Gläser stets zum passenden Zeitpunkt herumgereicht, und die Männer gewöhnten sich an kulinarische Köstlichkeiten wie Tafelspitz in Meerrettichsoße, Apfelstrudel mit Vanilleeis und Mousse au Chocolat garniert mit Südfrüchten. Mit Freude und in übermütiger Urlaubslaune frönten die Damen ganz bewusst dem patriarchalischen Rollenmythos, spielten Nixen und tauchten nach Muscheln. Nie dagewesener Luxus auf einer Charteryacht. Da ließen sich die Vertreter des starken Geschlechts als Gegenleistung gern darauf ein, einmal zusätzlich an Land zu rudern, wenn abends der Wein ausging oder die Sehnsucht nach einem Schaufensterbummel die Damen überfiel. Sogar schwierige Arbeiten wie das Verteilen der Sonnencreme an Stellen, die man nur unter großen Verrenkungen erreicht, wurden ohne speziellen Dienstplan von den Herren gern übernommen. Auch ich als Skipper scheute in dieser Richtung keine Mühe, schon wegen der Vorbildwirkung war ich meist der Erste, der fragte, ob eventuell Sonnencreme benötigt würde. Als wir einmal in einer Bucht badeten und die hässlichen schwarzen Teerreste der Umweltsünder am Strand zu spät bemerkten, hatten wir volle zwei Stunden zu tun, um uns gegenseitig mit Creme und Butter die schwarzen Flecken von den Leibern zu entfernen. Alles ging problemlos.

Lediglich einer der Herren machte uns hin und wieder Sorgen. Schickte man ihn zum Brötchenholen, verlief er sich garantiert, und alle mussten warten. Wollte er nur noch schnell eine Postkarte einwerfen, was ihm meist erst einfiel, wenn wir ablegen wollten, fand er keinen Briefkasten, und wurden zeitliche Abmachungen getroffen, kam er bestimmt zu spät, weil er mit seinem Handy noch eine SMS hatte absetzen und wegen des Empfangs erst jede Ecke der Insel austesten müssen.

Als wir Griechenland verlassen wollten, um planmäßig nach Italien überzusetzen, war er der Einzige, der für seine zahlreichen Freundinnen keine Mitbringsel erworben, dafür aber noch jede Menge Landeswährung hatte. Er war etwas über 60 und verheiratet, erzählte aber wieder und wieder von charmanten Abenteuern, denen er allen irgendwie verpflichtet sei.

Und unfreiwillig sorgte er für manchen Lacher an Bord. So sprang er einmal, nachdem er an Deck ein wenig geschlafen hatte, unvermittelt auf und begann, einem nahe liegenden Kreuzfahrtschiff heftig zu winken. »Adieu und gute Reise«, schrie er hinüber, obwohl der Dampfer unübersehbar fest an zwei Ankerketten hing und rund um die ausgeklappten Badeplattformen die Passagiere plantschten. Da war er noch sehr verdöst ein Opfer der optischen Täuschung geworden: Nicht der Luxusliner verließ den Hafen, sondern ich steuerte gerade rückwärts unseren Liegeplatz an. Ziemlich peinlich sein lautes Winken und vor allem seine lange Reaktionszeit, bis er den Irrtum bemerkte. Meine Großmutter hätte vermutlich gesagt: »Herr, lass Hirn regnen« – aber mit selbigem sind nun mal nicht alle Menschen in gleichem Maße gesegnet!

Weil meine Passagiere seglerisch so unbedarft waren, dafür aber lernwillig und aufmerksam, funktionierte alles prima. Kein Mit- oder Andersdenker, kein Gutmeiner oder Diskutierer störte den Ablauf von Manövern oder meine Planung. Notwendige Handgriffe wurden vorher besprochen und dann genau so ausgeführt – bis auf einen Festmacher, der leider auf das Kommando »Leine los« an beiden Enden, also nicht nur am Steg, sondern aus Übereifer auch auf dem Schiff losgeworfen wurde und schneller versank, als ich die Situation erfasste. Um die kleine Insel vor Vathi auf Ithaka haben wir mit exakten Manövern einen Extra-Kringel gedreht, und kurz vor Zakynthos sind wir vom Wettergott kräftig geduscht worden. Vor Lefkas haben meine Passagiere im offenen Meer gebadet und sich an der Schleppleine nachziehen lassen. Auf der Passage von Argostólion nach Reggio di Calabria sind wir in einen Sturm gekommen, der uns zum Reffen zwang. 33 Knoten Wind auf die Nase und eine Nacht lang drei Meter hohe, querab durchrollende Wellen haben wir gemeinsam überstanden. Auf unsere super Bordküche haben wir in diesen Stunden freiwillig verzichtet, und zeitweise ging es auch nur noch zwei Mannschaftsmitgliedern richtig gut. Doch als wir am nächsten Tag durch die Straße von Messina zogen, waren alle wieder wohlauf, und nachdem uns zwischen Vulcano und Lipari mehrfach Delfine begegnet waren, lautete die einheitliche Meinung: Schön, so ein Segeltörn!

Und nächstes Jahr werde ich mit ebendiesen Landratten wieder segeln gehen, in der Zwischenzeit wollen die Damen Knoten lernen, und zur Fastnacht bin ich ins wilde Hessen eingeladen. Und nie wieder werde ich etwas gegen Törns mit Landratten oder gar Damen sagen!

Ein Palsteak – aber bitte gut durch

Als Scherz betrachtete ich die telefonische Anmeldung zweier Studenten für einen Wochentörn Rund Elba, doch sie schickten mir umgehend ihre Buchungsbestätigung per Fax, und da stand tatsächlich mit Passnummern und Daten schwarz auf weiß zu lesen: Max und Moritz, Familienname Müller. Alles war ordnungsgemäß und sachlich richtig, trotzdem dachte ich automatisch an die beiden Helden von Wilhelm Busch. Erinnerungen aus meiner Kindheit kamen hoch, und ich ahnte, die beiden würden bei mir von Vorschusslorbeeren profitieren.

Des Weiteren waren für diese Woche eine Marianne und ein Felix angemeldet, wobei ich aus den Unterlagen ersah, dass Marianne etwa doppelt so alt war wie Felix. Dazu kam noch ein alleinreisender Vorruheständler, der offensichtlich zu Hause seiner noch arbeitenden Ehefrau aus dem Weg gehen wollte. Mit ihm war ich auf einer Bootsmesse ins Gespräch gekommen, hatte einen kurzen, aber sehr offenherzigen Einblick in sein Privatleben erhalten, und er hatte spontan an Ort und Stelle bei mir gebucht. Die JAMAS, wie meine Charteryacht hieß, hatte ich in Portoferraio so nahe wie möglich am Fähranleger platziert. Nun lag ich in meiner Hängematte, beobachtete die vom Festland einlaufenden Fähren und war gespannt, ob meine Passagiere zur verabredeten Zeit pünktlich eintrudeln würden.

Mit einem »Hallo, jemand da« trommelten kurz nach zehn Uhr die Zwillinge an die Bordwand und unterbrachen meine Musestunde. Sie seien mit einem Pony gekommen und die ganze Nacht durchgeritten, nun stünde das Pony in Piombino in der

Hafengarage, und sie wollten also jetzt mit mir segeln, erklärten sie ohne Luft zu holen voller Schalk. Sie stellten sich mit übertriebenen Verbeugungen und Kratzfüßen vor, und während der eine mir erklärte, er sei Max und gute 20 Minuten älter, deutete der andere, mir die Hand schüttelnd, einen ehrerbietigen Handkuss an und murmelte: »Ich: Moritz.«

Also doch Spaßvögel! Ihre Ausführungen klangen nach einem Witz, doch sie sagten sogar die Wahrheit, wenn auch ein klein wenig modifiziert hinsichtlich des Artikels der/das, denn sie fuhren einen alten Hyundai Pony, und der parkte in Piombino. Mit Befriedigung stellte ich fest, dass sie nicht eineiig waren und ich sie problemlos auseinanderhalten konnte, zumal Moritz einen Zopf im Nacken trug. Sie suchten sich eine Kabine aus, erkundigten sich, wann es denn losgehe, und beschlossen sofort, sich noch ein wenig die Zeit an der Uferpromenade zu vertreiben oder vielleicht zur Burg hinaufzuwandern, als sie erfuhren, dass die anderen Passagiere erst gegen 14 Uhr erwartet wurden. Dann stürmten sie auch schon wieder von Bord und verschwanden im bunten Gewühl der Touristen. Das waren energiegeladene Wirbelwinde, hoffentlich würde ihnen an Bord nicht der Auslauf fehlen.

Mit der Mittagsfähre musste Joachim, alias Jo, angekommen sein, denn etwa eine halbe Stunde nach deren Anlegen tauchte dieser, Pizza kauend, schnaufend und schwitzend, an unserem Liegeplatz auf. Gute 130 Kilo Lebendgewicht im blau-weißen Matrosenlook, in Dreiviertel-Jeans und mit einem blauen Seeräubertuch um den Hals standen an der Kaimauer und begehrten, an Bord zu kommen. Während Jo mit sichtlicher Überwindung das Anlegebrett betrat, ließ er seinen prall gefüllten nagelneuen

Seesack am Steg liegen in der offensichtlichen Erwartung, dass ich den Gepäckboy spielen würde. Etwas verwundert ob der anmaßenden Diskriminierung übernahm ich schweigend den Botengang. Rachsüchtig wies ich ihm die kleinste Kabine im Bug mit dem Doppelstockbett an.

Mit den Worten »Na, dann will ich mich mal einrichten« verschwand er darin und klappte mir die Tür vor der Nase zu.

Toll! Ich ließ mich wieder in meiner Hängematte nieder, vertiefte mich in meine Zeitung und schenkte mir von dem gekühlten O-Saft, den ich als Begrüßungstrunk servieren wollte, erst mal selber ein. Ein paar Minuten später drangen aus dem Vorschiffsluk eindeutige Schnarchgeräusche an mein Ohr, die Jos angebliche Einräumarbeiten Lügen straften. Ich empfand das als etwas befremdlich, aber jedem das Seine, suum cuique, wir hatten genug Zeit. Ich schlürfte meinen Saft und gewahrte beim Heben des Kopfes aus den Augenwinkeln eine ungewöhnliche Bewegung. Es war mehr ein Instinkt, als dass ich hätte sagen können, was meine Aufmerksamkeit erregte. Ich ließ einen sogenannten Kontrollblick schweifen, doch außer friedlich schwankenden Masten, ein paar Möwen und einem strahlend blauen Himmel gab es nichts zu sehen. Trotzdem, irgendetwas störte.

Beim zweiten Rundumguck bemerkte ich auf einem Stück Burgmauer oberhalb der Hafenanlage zwei hüpfende Gestalten, die eine große Piratenflagge schwenkten. Ich ahnte es, noch bevor ein Blick durchs Fernglas meine Vermutung bestätigte: Max und Moritz. Skipper, zähl bis zehn, ruhig bleiben, zurücklehnen, führte ich ein Zwiegespräch mit mir, noch gehen dich die beiden da oben gar nichts an. Dann schickte ich, der sonst nicht allzu gläubig Veranlagte, ein stilles Stoßgebet zum Himmel, das da lautete: Herr, lass sie sich austoben, bevor sie an Bord kommen!

Die nächste Unterbrechung meines eigentlichen Ruhetages zwischen zwei Chartertörns kam per Telefon, wie eben Telefone eigentlich meist nur störende Hektik verbreiten, von den allgegenwärtig und überall klingelnden Handys ganz zu schweigen. Leider muss man heutzutage immer erreichbar sein. Marianne teilte mir mit, dass sie und Felix im Stau stünden und keinesfalls bis 14 Uhr am Schiff sein könnten. Sie hatten schon eine Woche Landurlaub in Rimini gemacht und brauchten zur Anreise eigentlich nur den italienischen Stiefelschaft zu queren; hatten gedacht, sie hätten keine Eile – es war ja nicht weit. Hatten ausgeschlafen, gemütlich gefrühstückt und waren ins Auto gestiegen. So wurden sie auf der Fahrt völlig überrascht vom *stop and go* im Reiseverkehrsaufkommen. Frühestens gegen 18 Uhr sei mit ihrer Ankunft zu rechnen, gab Marianne zu, bevor sie sich schüchtern erkundigte, ob denn alle anderen schon da seien.

Mit einem »Keine Panik, wir werden warten« schränkte ich die Telefongebühren, die wir ja wegen der Auslandstarife auf beiden Seiten der Verbindung zu zahlen hatten, auf das Minimum ein. Dank der südländischen Mentalität, die ich mir im Laufe der Jahre antrainiert habe, brachte mich so was inzwischen nicht mehr aus der Ruhe. Wir hatten schließlich alle Urlaub, die Sonne schien – es war ein schöner Tag.

Pünktlich um 14 Uhr erschienen Max und Moritz wieder am Steg, wie zwei militärische Fahnenträger schwenkten sie die Piratenflagge vor sich, die sie an einem der Souvenirstände erworben hatten.

Einer Eingebung folgend, trat ich ihnen entgegen und kommandierte im Befehlston: »Kompanie halt, Flagge einrollen, set-zen!«, und wies mit der Hand ins Cockpit.

Sie gehorchten sofort.

Ich erläuterte ihnen den aktuellen Stand der Passagieran-kunftszeiten und machte sie mit den Schnarchgeräuschen Jos bekannt. Da vorerst noch nichts passieren konnte, sahen wir keine Veranlassung, ihn zu wecken. Ich schmiss eine Runde Orangensaft und brachte dann behutsam das Gespräch auf die Piratenflagge; schlüpfte in die Rolle des gutmütigen Opas, die mir hier angebracht schien; erzählte von alten Seefahrerzeiten, Seeräuberei, Meutereien und Überfällen und schloss mit ein paar Grundsätzen der Seemannschaft, zu denen bei mir ein gene-relles Verbot der Piratenflagge gehört. Denn die Flagge ist ein Symbol für Freibeuterei, Überfälle und Mordlust, womit mein friedlich geplanter Urlaubstörn nun wirklich nichts zu tun haben sollte. In Anbetracht der aktuellen Probleme mit den Piraten vor der somalischen Küste appellierte ich an ihre Intelligenz als angehende Akademiker, zwischen Kindermärchen, einem Fast-nachtskostüm, Weltanschauung und einem Trip in internatio-nalen Gewässern zu unterscheiden. Ich hatte den richtigen Ton getroffen, und damit verschwand das schwarz-weiße Ungetüm aus meinem Gesichtskreis. Mit ein bisschen Taktik ließen sich die beiden offensichtlich ganz gut lenken, auch wenn sie den Eindruck von zwei spätpubertierenden Jünglingen nicht aus-löschen konnten.

Wir beschlossen gerade, gemeinsam essen zu gehen, als Jo gähnend im Niedergang auftauchte. Ich machte die drei mit-einander bekannt und erläuterte auch Jo die Planänderung hin-sichtlich des Auslaufens am Spätnachmittag.

»Na, dann lasst uns essen gehen, das macht mir keinen Harten«, war die flapsige Antwort Jos, die nicht nur mich, sondern auch die Zwillinge ziemlich erstaunte.

Wir waren zwar alle nicht von gestern und vorläufig auch noch unter Männern, aber mit Niveau hatte das wenig zu tun, schließlich waren wir uns ja ziemlich fremd. Wollte Joachim mit seinen 57 Jahren hier im Matrosenlook und mit ordinären Sprüchen seiner nüchternen Alltagswelt entfliehen? Wollte er bei der Jugend Eindruck schinden, oder hatte sich ein Angehöriger der unteren Schicht für eine Woche von seinem Stammtisch wegbegeben, um auf Segeltörn zu gehen? Ich glaube, keiner von uns empfand das als cool, sondern nur daneben. So reagierten wir mit Sprachlosigkeit und folgten ihm schweigend, als er vom Schiff weg auf direktem Kurs in die nächste Pizzeria stapfte. Dementsprechend verlief auch das erste gemeinsame Mittagessen bis auf einige belanglose Sätze über die Wettervorhersage für die nächste Woche ziemlich wortkarg. Die letzten Calzonestückchen noch im Mund, verabschiedeten sich die Jungs noch mal bis 18 Uhr zwecks weiterer Erkundungsgänge. Auch ich war nicht erpicht darauf, mit Jo irgendeine Diskussion anzufangen. Unter dem Vorwand, zum Hafenmeister zu müssen, ließ ich ihn einfach sitzen, aber nicht ohne den ausdrücklichen Hinweis, sich ebenfalls bis spätestens 18 Uhr wieder am Boot einzufinden.

Ich bummelte durch die Altstadt, erstand zwei neue T-Shirts und ging dann »Schiffchen gucken« am Hafen entlang in der Hoffnung, den einen oder anderen Skipperkollegen zu treffen und ein wenig zu fachsimpeln. Ich hatte Glück: Karl aus München, mit dem ich in grauer Vorzeit bei der ABC-Segelschule die Funkerprüfung abgelegt hatte, lief mit seiner SEESTERN gerade ein und wurde mein williges Opfer. Das große Hallo des Wiedersehens und Treffens begossen wir mit zwei Flaschen Münchner-Kindl-Traditionsbier, von dem Karl für besondere Anlässe immer einen Vorrat an Bord hat. Der Zufall gönnte uns drei schöne Stunden, dann störte ein Pärchen unsere Erinnerungsparty, indem es uns nach dem Weg und der Entfernung zum »Liegeplatz Nummer zwei-vier-sechs« fragte. Ob es wohl ein Taxi bräuchte?

246, da lag doch ich! Schnell kombinierte ich und fragte: »Marianne und Felix?«

Erstaunen – Aufklärung – und schon wurde ich zum zweiten Mal an diesem Tag zum Gepäckträger, denn es war nicht weit, und selbstverständlich ganz gentlemanlike und Kniggekonform nahm ich Marianne die schweren Gepäckstücke ab. Insgeheim fragte ich mich, wie sie die prall gefüllten Riminikoffer wohl in ihrer Kabine verstauen würden und wie viel paar Schuhe und andere für einen Segeltörn überflüssige Dinge drin wären. Wozu schickte ich eigentlich vorab detaillierte Empfehlungslisten von der Anzahl der benötigten Handtücher bis zum Hinweis auf faltbare Taschen an meine Chartergäste?

Am Schiff angekommen, traute ich meinen Augen kaum. Ein rotes Badetuch lag über dem Anlegebrett, und rechts und links davon standen zwei riesige Blumenkübel mit Oleander. Mit Geschirrtüchern überm Arm sprangen Max und Moritz von Bord, dienerten und riefen im Sprechchor: »Wir begrüßen die einzige Dame an Bord – herzlich willkommen Lady Marianne.«

Tolle Inszenierung, die sofort Sympathiewellen verbreitete! Keine Vorwürfe wegen der verspäteten Ankunft, sondern übermütige Urlaubslaune. Marianne atmete sichtlich auf. Felix, der

sich als ihr Sohn statt als mutmaßlicher junger Ehegatte entpuppte, wurde ebenfalls herzlich begrüßt. Gemeinsam schleppte
er später mit Max und Moritz die Blumenkübel zur Pizzeria
zurück, wo die Zwillinge sie für den Gag dem Wirt abgeschwatzt
hatten. Die Stimmung war locker, man richtete sich im Schiff
ein. Dass wir den Hafen an diesem Tag nicht mehr verlassen,
sondern sanft am Steg schaukelnd unsere erste Nacht verbringen würden, wurde gelassen akzeptiert.

Es folgte unser erstes Abendessen an Bord, und wir begannen, Jo zu vermissen, der, obwohl es inzwischen fast 20 Uhr war,
noch immer nicht zurückgekehrt war. Zwei Stunden überfällig –
und keine Nachricht, ich horchte in mich hinein, ob ich mich über
diese Disziplinlosigkeit ärgern oder mir Sorgen machen sollte.
Zur Zeitüberbrückung und zur eigenen Ablenkung holte ich die
Seekarten raus, und wir legten die Route unseres Segelausflugs
ohne ihn fest; wer zu spät kommt ... Während meine Gäste
den ersten Sonnenuntergang von Bord aus verfolgten und sich
eine entspannte Abendstimmung über das Deck legte, holte
Marianne als Entschuldigung für die verspätete Anreise eine
Sektflasche aus dem Gepäck und führte sich für meine Begriffe
damit doch ziemlich gut ein. Ein Taxi brachte gegen 22 Uhr
unseren Vermissten. Er hatte nach seinem Stadtbummel das
Hafenbecken in entgegengesetzter Richtung zu unserem Boot
abgesucht, war dann so weit außerhalb angekommen, dass er
aus Erschöpfung eine Pause einlegen musste, sich noch ein
Schnitzel inklusive Viertele zur Stärkung gönnte und schließlich
ein Taxi rief, das ihn zurückfuhr. Nein – er entschuldigte sich
nicht für sein Zuspätkommen, nur dafür, dass er gleich in seine
Koje wolle, denn er sei fix und fertig. Sprach's, verschwand im

Niedergang und ließ uns einfach sitzen. Wenigstens hatte es für ein kurzes »Jo« und ein Händeschütteln bei Marianne und Felix gereicht. Da schien sich ein Problem anzubahnen! Doch alles zu seiner Zeit. Ich verordnete allgemeine Nachtruhe und beschloss, den nächsten Tag abzuwarten.

Meine Crew für diese Woche schien komplett der Spezies Langschläfer anzugehören, denn noch um acht lagen alle im Tiefschlaf. Ich holte Brötchen, kochte Kaffee und übernahm die gesamte Arbeit des Kabinenstewards. Schließlich war die Tafel gerichtet. Ich hoffte, die Geräusche sowie der Kaffeeduft würden die Szene beleben, aber ich blieb der einzige Akteur in der Pantry. Als sich gegen neun noch immer nichts regte, gönnte ich mir das Vergnügen, die Schiffsglocke mal richtig in Schwingung zu setzen. Das wirkte sofort.

Max und Moritz waren die Schnellsten. Kaum aus der Koje gesprungen, nahmen sie Haltung neben dem Kartentisch an und schmetterten mir im Chor ein »Guten Morgen, Skipper« entgegen. Gähnend komplettierten die anderen nach und nach die Frühstücksrunde.

Ich hielt den Zeitpunkt für gekommen, ein paar Worte zur Bordorganisation loszuwerden, wobei ich Teamgeist und Mannschaftsverhalten mit Blick auf Arbeiten wie Einkaufen, Tischrichten, Geschirrspülen und so weiter in den Vordergrund stellte. Um Startschwierigkeiten von vornherein auszuschalten, stellte ich alle Schränke und Aufbewahrungsorte vor sowie die Funktion von Gas-, Wasser- und Absperrhähnen. Dann folgte die übliche Sicherheitseinweisung mit Funktionsprobe der Schwimmwesten und Lifebelts.

Während die Zwillinge alles witzig und cool fanden, schien

Marianne plötzlich Angst vor ihrer eigenen Courage zu bekommen. »Lifebelts – wird es so gefährlich? So weit fahren wir doch wohl nicht raus? Vielleicht mach' ich lieber hier Badeurlaub und warte im Hotel, bis ihr am Samstag zurückkommt?«

Angstvolle Fragen betreffs Seekrankheit und ihres vor vielen Jahren absolvierten Freischwimmerzeugnisses und ein »Alles wegen dir« brachen sich in ihrem besorgten Redeschwall Bahn. Felix, der gute Junge, hatte nämlich gerade sein Physikum bestanden und sich deshalb einen Segeltörn gewünscht, den die liebende Mama aus lauter Stolz und Freude mit ihm gemeinsam hatte unternehmen wollen. Als Kompromiss hatte sie dann vorsichtshalber eine Woche Landurlaub und eine Woche segeln ausgehandelt – nur richtig darüber nachgedacht hatte sie wohl nicht! Und ob wohl Felix ursprünglich davon ausgegangen war, gemeinsam mit Muttern zu reisen? Darüber zu spekulieren stand mir nun wirklich nicht zu.

Um uns herum leerten sich die Liegeplätze, ein schöner, leichter Nordwest wehte, und auf meinem Schiff diskutierten wir, ob wir vielleicht küstennah segeln könnten und wie weit entfernt wohl der nächste Hafen sei! Im Gegensatz zu meinen sonstigen Gästen hatte es offensichtlich keiner eilig auszulaufen. Als Jo noch mal los wollte, um eine Postkarte zu holen, erinnerte ich meine Galle daran, dass es sich um einen zahlenden Chartergast handelte. Und um der Sache etwas Positives abzugewinnen, schickte ich die drei Jungs ebenfalls los, um zusätzliches Trinkwasser einzukaufen. Das gab mir Gelegenheit für ein Gespräch mit Marianne. Wie ein Akquise-Manager der zahllosen Seelenverkäufer schwärmte ich von Sonne, Wind und blütenumrankten mediterranen Hafenstädten und beteuerte die Stabilität, solide Bauweise und Sicherheit meines Schiffes so lange, bis es mir gelungen war, ihr ein halbwegs gutes Gefühl für den Törn zu vermitteln und sie von ihrem Bleiben zu überzeugen.

Die Sonne hatte ihren Höchststand schon lange überschritten, als wir endlich unsere Leinen lösten. Wie versprochen segelten wir zunächst an der Küste entlang. Natürlich musste ich gleich die erste »Routenkorrektur« unseres erst am Vortag aufgestellten Plans vornehmen und nahm Kurs auf die Marina Marciana als Liegeplatz für die nächste Nacht, damit die Strecke mit rund achteinhalb Seemeilen am Nachmittag noch gemütlich zu ersegeln war. Ein zarter Anlieger aus Nordwest reichte gerade, um die Segel nicht schlappern zu lassen. Sehr aufrecht und für meine Begriffe unendlich langsam schoben wir uns durch die Wellen, doch meine Gäste schienen zufrieden, waren fasziniert und mit dem Fotografieren beschäftigt, wenngleich sie alle ein wenig »maulfaul« zu sein schienen. Um der lahmen Segelei etwas Positives abzugewinnen, warf ich eine Leine aus und ermunterte die Jugend zu einem kleinen Badeschlepp.

Volltreffer! Im Nu sprangen die Zwillinge ins Wasser, und auch Felix ließ sich nicht lange bitten. Doch ich hatte die Rechnung ohne Marianne gemacht. Panisch stand sie am Heck und beobachtete die »Kinder«: zwei davon 26 und eines 28 Jahre alt! Ich musste viele Worte machen, bis sie mir glaubte, dass in diesem Gebiet weder Hai- noch andere Gefahren lauerten. Auch die Sache mit den Untiefen schien sie irgendwie falsch verstanden zu haben, sie hielt diese für besonders tiefe und gefährliche Stellen, an denen, wie im Bermudadreieck, ganze Schiffe samt Besatzung verschwunden wären, von ein paar Schwimmern gar nicht zu reden. Obwohl ich dieses offensichtliche Missverständnis mit Hinweis auf die Vorsilbe *un-*, die ja *das Gegenteil* bedeutet wie auch bei *Un*kenntnis, und Vergleichen wie sauber und *un*sauber, logisch und *un*logisch und eben Tiefe und *Un*tiefe, schnell erklären konnte, war sie nicht davon zu überzeugen, ebenfalls im Meer ein Bad zu nehmen. Felix jedoch schien plötzlich richtig aufzublühen. Absichtlich ignorierte er das Gezeter seiner Mutter und schien beschlossen zu haben, gemeinsam mit den anderen das Leben einfach zu genießen. Recht so!

Mutter Marianne dagegen war offensichtlich weiterhin überfordert und mir wurde klar, dass auf diesem Törn mal wieder mehr Diplomatie als Segelkenntnisse von mir verlangt würden. Jo bekam weder von Mariannes Sorgen noch von dem übermütig plantschenden Trio etwas mit. Bis Scoglietto ins Blickfeld kam, hatte er sehr theatralisch etwa zehnmal den Satz »Ach, ist die Gegend schön« von sich gegeben und sich dann auf dem Vorschiff niedergelassen, um in tiefen, gleichmäßigen Atemzügen den Urlaub seinen Vorstellungen entsprechend zu genießen. Wir erreichten die Marina Marciana gegen 19 Uhr.

»Geschafft, Männer«, kommentierte Moritz, während ich die Leine am Steg belegte, als hätten wir eine große Seereise und nicht nur knapp neun Seemeilen hinter uns und mit einem riesigen, von erfahrenen Seebären bedienten Schoner hier angelegt.

Marianne richtete bereitwillig für alle das Vesper, danach stob meine Mannschaft auseinander. Wie in einem schlechten Film mit dem Titel »Ein altes Ehepaar« blieben Marianne und ich zurück, beseitigten die letzten Krümel und spülten das Geschirr. Unweigerlich folgte danach ein Gläschen Wein, während wir auf die Rückkehr der »Kinder« warteten, und ebenso unausweichlich wurde ich zum stillen Zuhörer einer Lebensgeschichte.

Frühe Heirat, einziges Kind, gehobener Lebensstandard mit Eigenheim, Mercedes und Konzertbesuchen, Mann auf der Erfolgsleiter, Frau zum Hausmütterchen degradiert. Allein mit den Alltagssorgen und dem heranwachsenden Sohn, trotzdem stets dienstbare Gefärtin, die irgendwann zusehen muss, wie eine Geliebte ihre Chancen ausbaut. Scheidung, Finanzkrieg, zerrüttete Verhältnisse, ein intelligenter Sohn in der Identitätskrise zwischen zwei Fronten. Vermutlich die Durchschnittsgeschichte in der Statistik der deutschen Scheidungsgeschichte! Dazu gab es nichts zu sagen, und das erwartete Marianne auch nicht anders. Irgendwann krochen wir in unsere Kojen, und im Halbschlaf registrierte ich später ein paar derbe Schritte, als Jo aufs Schiff kletterte, gefolgt von dem fröhlich schwatzenden »Kindertrio«.

Dass dieser Törn nicht zu einem seglerischen Highlight zählen würde, war mir längst klar geworden. So versuchte ich erst gar nicht, am Morgen zeitig loszukommen, sondern genoss einen ersten Cappuccino im Straßencafé gegenüber vom Liegeplatz und ließ meine Gäste schlafen. Motto der Woche: Kein Stress, schon gar nicht am Morgen! Ich unternahm einen Spaziergang, holte Brötchen und kam gerade rechtzeitig, um Joachim, der tatsächlich begonnen hatte, Kaffee zu kochen, noch mal die Funktionsweise des Bordherdes zu erklären. Halb elf(!) war die Frühstücksrunde schließlich komplett. Gähnend berichtete die Jugend von ihrem Ausflug, den kleinen Stehkneipen an der Uferpromenade und dem idyllischen Strand vor den Felsen hinter dem Wellenbrecher. Vorschlag und Beschlussfassung, da doch so schönes Wetter sei, den Tag mit baden zu verbringen, folgten innerhalb von Sekunden. Ich war sprachlos. Dann gab ich mir einen Ruck, machte meine Gäste auf den schönen Südwind aufmerksam und erinnerte sie daran, dass wir doch eigentlich segeln wollten. Dass ich heute einen Schlag nach Capraia geplant hatte und dass es hier um diese Jahreszeit eigentlich immer gutes Wetter hätte. Dass die Insel sehenswert sei, hörten sie sich noch an, aber meine seglerischen Hinweise betreffs Vorwärtskommen und Südwind erreichten weder Ohren noch Hirn meiner Passagiere. Warum nur hatten die einen Segeltörn gebucht? Als Skipper habe ich schon einiges erlebt, und da ich im Wesentlichen sanguinische Charaktereigenschaften besitze, gewinne ich meist jeder noch so blöden Situation eine positive Seite ab, aber zugegeben: An diesem Morgen war ich sauer! Dieser traumhafte Süd, und ich sollte im Hafen liegen? Verwechselten die mein Schiff vielleicht mit einem Bungalow mit Direktzugang zum Strand und Parkplatz in der ersten Reihe an der Uferpromenade? Ich war nicht nur sauer, ich war stinksauer!

Ablegen, die blöde Bande ihrem Schicksal überlassen, den Wind und die Freiheit genießen, waren Gedanken, die durch mein Hirn jagten. Doch im linken Ohr flötete ein kleines Männlein: Achtung, sie sind zahlende Chartergäste, du kannst in deinem Leben noch viele Meilen segeln! Und so fügte ich mich in mein Schicksal. Als letzten Versuch, an diesem Tag vielleicht doch noch zum Segeln zu kommen, tat ich mit einer Gehorsam fordernden Kapitänsstimme kund, dass ich um 16 Uhr alle an Bord zurückerwartete. Doch während sie ihre Badeutensilien zusammensuchten, drückten sie mich bereits auf 17 Uhr – seufzend gab ich nach. Abgehakt, der zweite »Törntag« dieses einwöchigen Ausflugs Rund Elba. Obwohl, nicht ganz! Sie waren tatsächlich pünktlich zurück, und Jo, der nicht baden gewesen war und den ich höchstens in der Hafenkneipe um die Ecke vermutet hätte, überraschte mich mit der Tatsache, dass er per Taxi und dann Seilbahn auf dem Monte Capanne gewesen war.

»Ach, war die Gegend schön!«

Um im Logbuch nicht komplett »Ruhetag« eintragen zu müssen, verließen wir gegen 18 Uhr dann doch noch den Hafen und segelten die dreieinhalb Seemeilen bis Procchio, damit wir wenigstens nicht zweimal im selben Hafen übernachten mussten, denn so was macht man nur bei Havarie oder Unwetter. Küstennah und unter Landabdeckung brachte allerdings der gegen Abend schwächer gewordene Wind keine Leistung mehr, und wir mussten motoren, was aber außer mir wohl niemanden störte. Max und Moritz überkam die Lust, ein wenig Kapitän zu spielen, so erklärte ich ihnen kurz den Zusammenhang zwischen Kompass, Steuerung und angepeiltem Ziel und überließ ihnen dann das Ruder. Währenddessen saßen die anderen in der Plicht, und Marianne unterhielt alle mit Storys aus ihrem, das heißt: Felix' Leben. Wir erfuhren, wann er seine ersten Schritte gemacht, dass er Spinatbrei immer ausgespukt und wie lange er Windeln getragen hatte. Während Felix mit hochrotem Kopf immer mehr in sich zusammenzuschrumpfen schien, war Marianne im Lebenslauf bis zur Kommunion fortgeschritten, zu welchem Zeitpunkt er abends immer noch gern eine warme Milch trank.

Absicht? Gedankenlosigkeit? Oder Provokation? Jo erhob sich, griff in seine Hose und pinkelte seelenruhig unmittelbar neben Marianne mit vollem anhaltendem Strahl über die Reling.

Mitten im Satz über Felix' Lese- und Rechtschreibschwäche blieb Marianne der Mund offen – dann verschwand sie mit einem hysterischen »Das ist ja das Letzte« unter Deck.

Während die Zwillinge in schallendes Gelächter ausbrachen und schließlich ob der Komik der Situation auch Felix und mich ansteckten, schüttelte Jo »ihn« seelenruhig ab und legte sich dann auf dem Vorschiff ein bisschen zur Ruhe. Leute gibt's! Nix mit Absicht und Taktik! »Unterste Schublade« und »in der Gosse groß geworden und nix dazugelernt« waren Gedanken, die mir spontan durch den Kopf gingen. Die Szene hatte den Bann gebrochen, Max übergab Felix das Ruder, alle überhäuften ihn mit Ratschlägen und Tipps, um seiner still erlittenen Muttersöhnchenrolle zu entkommen, und brauchten eine ganze Weile, um ihre Lachmuskeln wieder zu beruhigen. Der Spaß, der eigentlich keiner war, ging jedoch nicht nur auf Mariannes Kosten, sondern war auch kein wirklich amüsantes Bubenstück. Lediglich die Tatsache, dass Jo Mutters Redefluss hinsichtlich Felix' Kinderproblemchen unterbrochen hatte, war günstig.

Wir lagen längst in der Bucht vor Anker, während Marianne noch immer den erlittenen Affront mithilfe eines Putzanfalls unter Deck verarbeitete. Als ich der Meinung war, dass alles nun sauber genug wäre, ging ich nach unten, goss zwei Limoncelli ein und reichte ihr wortlos ein Glas.

»Auf ex – und auf die Rüpel«, versuchte ich, das Thema locker anzugehen.

Ein zweiter Limoncello folgte auf ex und mein Versprechen, mich des »Problems« anzunehmen. Ich opferte mich sogar noch für ein drittes Gläschen, obwohl dieser säuerliche Likör gar nicht meinem Geschmack entspricht, als Marianne mir gestand, wohl zu viel allein zu sein und auch im Umgang mit Felix nicht immer den richtigen Ton zu treffen. Vorsichtig bestätigte ich ihre Erkenntnis und drängte sie dann langsam wieder auf Deck, wo sie sich schließlich an den Vorbereitungen zur Landüberfahrt beteiligte. Mit zwei Schlauchbootfuhren Richtung Strand eroberten wir die Bucht. Ein kleiner Souvenirstand, ein paar Häuser, drei Gasthäuser, viel war hier nicht los. Procchio gehört zu den stillen Orten, die vom Touristenrummel noch weitgehend verschont geblieben sind.

Von den Restaurants entschieden wir uns für das am weitesten oben am Hang gelegene zu unserer Rechten, mit einer schönen Terrasse und einem herrlichen Rundblick. Wir wählten alle Fisch, der frisch gegrillt wurde und vom morgendlichen Fang stammte, wie uns der Wirt versicherte. Marianne entdeckte ein Sektsorbet auf der Karte, was, wie sie uns erklärte, zu ihren absoluten Bar-Favoriten zählte, auf Elba jedoch keineswegs zum üblichen Getränkeangebot gehörte. Fasziniert, hier im Dorfgasthaus am Rande einer ziemlich unbekannten Bucht mit unaussprechlichem Namen so was zu finden, bestellte sie die »big Variante« und vergaß darüber die für sie so peinliche Szene des Nachmittags. Der Drink war vorzüglich, und das Beste, was sie je genossen hätte, tat sie bald kund und lobte den Wirt. Der wies lächelnd auf die anderen Gäste, und tatsächlich hatten fast alle die gleichen, hohen, silberblinkenden Metallbecher vor sich stehen. Kurzum, auch wir Männer ließen uns überzeugen, es gab ein Sektgelage vom Feinsten, und die Stimmung wurde immer besser.

Als wir alle schon sehr fröhlich waren, packte ich die Gelegenheit beim Schopf, um noch ein paar Sicherheitsregeln an Bord zu erläutern. Ich begann mit dem Rauchen unter Deck: verboten, und kam über das notwendigerweise rutschfeste Schuhwerk, zu tragen immer während der Segelmanöver, zum eigentlichen Thema: der Relingspinkelei. Stellte angebliche Gefahren in den Vordergrund und behauptete mutig, dass dabei schon einige über Bord gefallen und ertrunken wären. Als ich die zweifelnden Gesichter sah, fuhr ich stärkeres Geschütz auf: Die italienische Gendarmerie überwache besonders in den küstennahen Gebieten mit Armeeferngläsern die Boote, und wer bei irgendeiner Gewässerverunreinigung, auch biologischer Art, beobachtet würde, müsste mit einem Bußgeld zwischen 50 und 100 Euro rechnen. Deutsche Portemonnaiepädagogik – Hauptsache erfolgreich!

Noch bevor sie in eine Wenn-und-Aber-Diskussion ausbrechen konnten, hob ich die Sektkelche zum gemeinsamen Anstoßen und zur demonstrativen Beendigung dieser Arbeitsschutzbelehrung. Mit dem Hinweis auf die Gleichberechtigung der Frauen und den unmöglichen Anblick, wenn sie auch über die Reling ..., lockerte ich die Runde wieder auf. Unsere Jugend bewies Fantasie, und die Herren übertrumpften sich gegenseitig mit plastischen Schilderungen zum Thema. Ob der gestiegenen Promille konnte inzwischen sogar Marianne in das Gelächter einstimmen – und wer hätte es gedacht, plötzlich trug sie mit Witzen zur Unterhaltung bei, die eindeutig unter der Gürtellinie angesiedelt waren. Zu fortgeschrittener Stunde bildeten wir mit ein paar Seglern, Landurlaubern und Einheimischen eine illustre Runde. Ob der Wirt selbst zur Gitarre griff oder ob einer der Gäste ein Instrument mithatte, kann ich heute nicht mehr sagen, jedenfalls sangen wir als gemischter Chor gemischtes Liedgut, und als wir bei »La Cucaracha« angekommen waren, lieferte Marianne einen Stepptanz über die Terrasse. Nur mit Mühe konnte ich sie auf dem Rückweg im Schlauchboot zum Stillsitzen zwingen. Und noch während ich die zweite Fuhre überholte, malträtierte sie mein Teakdeck mit wilden Hüpfern und jauchzte als Solosopran weiter über die nächtliche Bucht.

Eine neue Ära der Mutter-Sohn-Beziehung bahnte sich an, als Felix beschloss, Marianne mithilfe eines Eimers Wasser abzukühlen. Doch dazu kam es nicht mehr, eine überirdische Erscheinung lenkte ihn ab und ersparte ihr den kalten Guss. Denn als er den Eimer ins Wasser plumpsen ließ, schien dieser Funken zu schlagen, das Wasser begann zu leuchten, und rund ums Schiff breiteten sich wellenartig Lichtpünktchen aus. Staunend starrten alle ins Wasser. Wir versorgten das Dingi, dann erklärte ich meinen Passagieren das nächtliche Meeresleuchten. Das heißt, ich zeigte ihnen, wie man durch schnelle Bewegungen im Wasser das Leuchten auslöst, wissenschaftliche Erläuterungen waren im Moment nicht gefragt. Also: Klamotten runter und rein ins Wasser, die Jungs waren nicht mehr zu bremsen, kräftig quirlten sie das Wasser durch, dass es nur so funkelte und blinkte. Ziemlich alkoholschwanger und ob dieses wundersamen Zaubers vergaß sogar Marianne ihre Angst vor dem »großen Wasser« und den »Untiefen«, entledigte sich ebenfalls ihrer Sachen und wollte ins Wasser springen. Ich erwischte sie gerade noch am Arm, um sie aufzuhalten, und zwang sie sicherheitshalber in eine Schwimmweste. Alles andere wäre fahrlässig gewesen – trotzdem war es ein sehr eigenartiges Gefühl, einer Frau im Evakostüm die Schwimmweste ordnungsgemäß anzulegen, ganz nüchtern war ich ja auch nicht mehr.

Es folgte eine wilde Badeorgie rund ums Schiff, wie überdrehte Kinder genossen wir gemeinsam die warme Nacht und das funkelnde Meer. Dass Marianne sich mit Küsschen bei mir für dieses Erlebnis bedankte, als sie aus dem Wasser stieg, schrieb ich ebenfalls dem Zauber dieser Nacht zu. Selbst Jo war tief beeindruckt. Er konnte sich zwar nicht überwinden, seinen Körper dem Badestress und dem Wasser zu so später (oder früher) Stunde auszusetzen, doch ließ er sich zu Mehrwortsätzen wie »Was es alles gibt. Faszinierende Erscheinung. Wahnsinnig aufregend dieses Wasser« hinreißen, was wohl bei ihm ein Höchstmaß an emotionaler Beteiligung bedeutete. Irgendwann, als der Morgen schon graute, krochen wir in unsere Kojen.

Der nächste Tag begann für alle mit – Aspirin. Natürlich hatte der Abend unsere Gruppendynamik verändert: Wenn auch etwas verkatert, so waren doch alle munter, versuchten ihre Lebensgeister durch eine erneute Baderunde zu wecken, richteten gemeinsam das Frühstück und hofften auf baldige Wirkung der Tabletten. Ich trug die Koordinaten des Sektgelages beziehungsweise der Lokalität säuberlich ins Logbuch ein.

Ein Bilderbuchsegeltag kündigte sich an. Südwind, zwei bis drei Beaufort, wie bestellt, um Capraia anzusteuern. Ich zog mich auf »stand by« zurück, während die drei Jungs sich am Steuer abwechselten. Meine Gäste hatten offensichtlich alle ein bisschen runtergedreht und begannen, das Bordleben zu genießen. Die Sonne und der warme Wind taten ein Übriges, und wir segelten fröhlich dahin. Für unsere Unterhaltung sorgte Marianne: Sie hatte sich eine Dusche gegönnt, stand frisch geschminkt im Niedergang, hob demonstrativ einen Fön in die Höhe und fragte, wo denn die Steckdose sei, sie könne keine finden.

Ooooh, die lieben Gewohnheiten des Alltags! Warmes Wasser aus dem Hahn, Strom aus der Dose, möglichst noch einen schnellen Espresso aus der stets einsatzbereiten Kaffeemaschine und dann gestylt mit einen Hauch Parfüm hinterm Ohr den Tag beginnen!

Nein – 220 Volt hatte ich an Bord nicht zu bieten, und das Lachen konnte ich auch nicht eindämmen, als Max mit gekonntem Pantomimenspiel die Bordwand nach einer Steckdose absuchte und ein imaginäres Kabel mehrerer Meilen Länge Richtung Land auswarf. Ich rettete Marianne über die Situation hinweg, indem ich ihr meinen Arm anbot, sie mit »Mylady, gehen wir« zum Frisiersalon auf das Vorschiff bat. Ich wies ihr den Platz im Bugkorb an und verkündete, der Naturfön würde sie mit 400 Watt binnen zehn Minuten ökologisch und energiesparend trocken pusten. Ich kuscheltuschelte ihr ins Ohr, sie möge einfach lächeln und nahm ihr unauffällig den Fön aus den Händen, um ihn samt Handtuch gleich nach unten zu bringen. Ja, Skippersein erfordert oft vielfältige Talente!

Zwei Stunden pflügten wir gemütlich durch die Wellen, dann schreckte Moritz meine friedlich vor sich hin urlaubenden Mannschaftsmitglieder mit dem Ausruf »Land in Sicht« auf. Ein Aufruhr, als wären wir tagelang auf See gewesen! Ich amüsierte mich über die aufgekratzte Bande und ließ mich von der übermütigen Hektik gern anstecken, wobei ich insgeheim der Biochemie und den Erfindern des Aspirins dankte. Meine Passagiere hatten sich wieder erholt, es ging uns gut! Sogar Jo brachte seine permanent müden Gebeine an der Reling in Stellung, ließ den Blick schweifen und stellte zum x-ten Mal auf diesem Törn fest: »Ach, ist diese Gegend schön.«

Just in dem Moment flatterte sein Strandlaken, auf dem er gerade noch gelegen hatte, des Gewichtes beraubt über Bord.

»Wird, wie der Name schon sagt, zum Strand wollen«, kommentierte Max mit seinem nie versiegenden Humor.

Jo stutzte kurz, doch der Verlust brachte ihn nicht wirklich aus der Ruhe – was ist schon der Verlust eines Handtuchs gegen die Entdeckung (Amerikas bzw.) Capraias nach gefühlt wochenlangem Segeln? Doch dieses Land schienen, wie erwartet, schon andere vor uns entdeckt zu haben. Alle Liegeplätze waren belegt. Als drittes Schiff in einem Päckchen, quer vor dem Molenkopf sozusagen als verlängertem Schwimmsteg, machten wir schließlich fest. Zwar hätte es die Möglichkeit gegeben, etwas südlich vom Hafen in der Bucht zu ankern, doch meine Gäste brauchten dringend Landstrom für Handy- und Fotoladegeräte und anderen Zivilisationsschnickschnack. Noch während ich die Fender anpasste und eine Zusatzspring am Nachbarschiff befestigte, wies ein kleines, dürres Männlein kraft seines Amtes als Hafenmeister zwei weitere Yachten an, bei uns noch längsseits zu gehen.* Ehe ich mich versah, waren wir eingekeilt, und keine fünf Minuten später tobten die Sprösslinge der offensichtlich kinderreichen Segelurlauber vom Nachbarboot mit Taucherflossen und diversem Spielzeug samt Bordhund über unser Deck. Das Gefühl, im Massentourismus unterzugehen, trübte ein wenig die Segelfreude dieses Tages.

*Inzwischen hat sich der alte Fischereihafen von Capraia verändert. Um den vielen Yachten in der Hochsaison gerecht zu werden, hat man Schwimmstege errichtet, die mit Strom- und Wasseranschlüssen dem allgemeinen Standard entsprechen.

Dazu wurden nun weitere Anweisungen an meine Mannschaft nötig. Also: Wir achten verstärkt darauf, dass alle unsere Luken geschlossen sind und keine Wertgegenstände herumliegen. Wir überqueren im Päckchen liegende Boote immer vor dem Mast, um die im Cockpit sitzenden Bootsbesitzer so wenig wie möglich zu belästigen. Wir trampeln nicht mit Schuhen über fremde Boote, bringen diese nicht unnötig zum Schwanken, vermeiden insbesondere bei der Rückkehr nach Kneipenbesuchen Gesang und andere Lärmbelästigungen. Kurz: Wir verzichten auf alles, was die Ruhe der freundlichen Menschen, die uns über ihr Boot und damit über ihr Eigentum laufen lassen, stören könnte. Dann brachen wir zum Landgang auf. Marianne und ich machten ganz sicher den Eindruck eines älteren Paares mit drei mehr oder weniger erwachsenen Söhnen auf Familienausflug, während ich meine Crew zum Aussichtspunkt auf die Hügelkette oberhalb des Hafens führte. Ein gewisses Zusammengehörigkeitsgefühl hatte sich eingestellt, und wenn der im Matrosenlook hinterhertrabende Onkel Jo nicht schnaufend sein »Was für eine reizende Landschaft« von sich gegeben hätte, hätten wir das ganz sicher vermisst.

Ich erprobte dann zum dritten Mal in dieser Saison den alten Capraia-Witz vom untergehenden Boot drüben am Kai, das man vom Hügel aus beobachten kann, und amüsierte mich über die erschrockenen Blicke und die allgemeine Aufregung und gönnte meinen Schützlingen die Schnappschüsse, die ihre Fotoapparate zum Klicken brachten. Erst als sie mich drängten, doch etwas zu unternehmen, weil das sinkende Schiff offensichtlich außer uns niemand zu bemerken schien, klärte ich sie auf über – den Wassertanker. Ich erläuterte die Trinkwasserversorgung der Insel sowie Bau- und Funktionsweise der Tankschiffe, die in einer optischen Täuschung gerade zu sinken scheinen, logischerweise jedoch in vollgeladenem Zustand sehr tief im Wasser liegen und erst nach Entladung des Trinkwassers wieder normale Freibordhöhe erreichen.

»Was es doch alles gibt auf der Welt, sehr interessant«, ließ Jo dazu wieder einen seiner tiefgründigen Kommentare ab, als plötzlich von allen Seiten ein Lärmen und Johlen die beschauliche Stille des Dörfchens aus den Angeln zu heben schien.

Fußball! Länderspiel!

Noch ehe wir die Sensation richtig eingeordnet hatten, ging mit Jo eine seltsame Wandlung vor sich. Seine Augen begannen zu glänzen, wahre Energieströme schienen ihn zu durchziehen, und sein schwergewichtiger Körper belebte sich zusehends. Von ausladender Gestik untermalt, prasselte ein Redeschwall zum Thema Spiel der Saison, Anpfiff und letzte Chance für Deutschland auf uns nieder.

»FC Bayern gegen Juventus Turin, heute Abend!«

Er war gar nicht wiederzuerkennen, lief zielstrebig und leutselig in den nächstbesten Vorgarten, wo sich ein paar Einheimische um ihren Fernseher auf der Terrasse versammelt hatten, erregte mit einem deutsch-englischen Sprachgemisch deren Aufmerksamkeit und setzte sich dann ganz ungeniert und wie selbstverständlich zu ihnen.

Seinen Blick auf den Fernseher geheftet rief er uns noch zu: »Freunde, geht allein essen, nehmt es mir nicht übel, ich komm' dann zum Boot zurück.«

»Na, was es doch alles gibt«, äffte Max Jos sonstige Kommentare nach.

43

Dann führte ich meine kleine Familie quer durch das malerische Dörfchen zu einem urigen Restaurant namens »Capraia Doc«, dessen Wirt und Chefkoch Antonio seit Jahren zu meinen Freunden zählt. Max und Moritz probierten noch ein paar Scherze aus, indem sie ein »Bier mit dem Schaum unten« und ein »Palsteak – aber gut durch« bestellten, doch Antonio punktete mit der Gegenfrage, ob sie dazu die »Pommes in der Flasche« oder »gefroren mit Senf« wollten, und ließ sich gar nicht aus der Ruhe bringen.

Nur am Rande will ich erwähnen, dass die romantische Schönheit Capraias von dem Lärm aus dem überfüllten Hafen ein wenig überschattet wurde. Wenn Boot vier des Fünferpäckchens bis morgens um drei grillt, die Kinder von Boot fünf je dreimal über alle Decks patschen, um an Land zur Toilette zu gehen, und Boot zwei dann im Morgengrauen ablegen will, weil ein größerer Tagestörn ansteht, kommt es zwar auf einen angetrunkenen Fußballfan, der singend seine Koje sucht, auch nicht mehr an, aber der Nachtschlaf leidet eben ein wenig.

Nachdem ich wegen Boot zwei alle unsere Leinen gelöst hatte, traf ich eine schnelle Skipperentscheidung, autark und ohne Diskussionsrunde, ich machte gar nicht erst wieder fest, sondern holte die Leinen ein und stach ebenfalls in See. Das andere Boot lag noch eine ganze Weile auf gleichem Kurs, die Morgenstille genießend glitten wir bei ruhigem achterlichem Wind sanft dahin. Mein nächstes Ansteuerungsziel war das etwa 30 Seemeilen entfernte Bastia auf Korsika, und als meine Crew aus den Kojen kroch, hatte ich schon ein gutes Drittel der Strecke als einsamer Rudergänger hinter mir.

Meine Schlafmützen waren erstaunt, rundherum nur Wasser zu sehen, und dann war es wieder Max, der sie mit leichtem Spott und Schauspieltalent in Schwung brachte, indem er in die Hände klatschte und rief: »Ist doch normal auf einem Segeltörn, auf, auf meine Herrschaften, Kaffee kochen, Büfett richten, zack, zack!«

Später wurde der nicht ganz freiwillige Frühstücksbrunch auf hoher See zum besonderen Highlight erklärt. Gegen Mittag zogen ein paar Delfine vorüber, die jedoch zu weit entfernt waren, um sie zu fotografieren, dafür überholte uns kurz vor Bastia ein großer schnittiger Zweimaster mit einem langen Klüverbaum und Rahsegeln, der sich mindestens genauso gut wie die Delfine für Urlaubsfotos eignete. Wasser auffüllen und tanken war angesagt, weshalb wir trotz hoher Liegegebühren auf Korsika die Nacht über im Hafen blieben. Zum finanziellen Ausgleich entschlossen wir uns für Ravioli aus der Dose und eine getrennte Eroberung des Städtchens.

Die Wochen- und damit die Törnmitte für diese Mannschaft war überschritten, und es galt, die Rückreise Richtung Ausgangshafen aufzunehmen. Doch am Morgen kündigte die nette Bandstimme beim Seefunkkanal 68 ein von Westen aufziehendes Gewitter für den Nachmittag an. Auch bei Navtex gab es Schlagzeilen über eine nahende Gewitterfront mit Böen bis zu acht Windstärken, die Wetterfrösche legten sich aber auf keine Zeit fest und gaben Nord- bis Nordwestwind an. Vorerst war es jedoch windstill und einfach nur heiß. Unser Kurs zurück nach Elba folgte auf der Seekarte genau der nördlichen Breitenlinie für 42°43', akkurate 90° KaK (Kartenkurs) gen Osten. Ich schaltete den Autopiloten ein, und wir dieselten mit sechseinhalb Knoten dahin.

Die getrennten Unternehmungen am Abend in Bastia sorgten für neuen Gesprächsstoff. Max und Moritz berichteten von ein paar sehr hübschen Mädels und einer coolen Bar in der Altstadt am Markt. Auf einer kleinen Showbühne hatte eine Band gespielt, und gegen später wär' der ganze Marktplatz eine einzige Open-Air-Disco mit einem tollen bunten Publikumsgemisch gewesen. Ich hatte bei meinem Abendspaziergang durch die Stadt die Musik gehört, genau aus diesem Grund einen riesigen Bogen um den Markt gemacht und war dann ziellos umhergeschlendert. Dass es Jo in dieser »sehr schönen Gegend« immerhin bis zum Fährhafen geschafft hatte, fanden wir alle erstaunlich, dass er den Abend in einem Straßenrestaurant bei ein paar Bier beendet hatte, dagegen nicht. Dass er aber zumindest an uns gedacht hatte, bewies er mit einer riesigen Melone, die er einem alten Mütterchen aus Mitleid abgekauft und unter sicher enormer Anstrengung zum Schiff geschleppt hatte.

Mit »Vitamine gegen Skorbut bei den Seefahrern« landete er in einem Anflug von Humor den Witz der Woche.

Marianne hatte mehrere Ansichtskarten sowie kandierte Früchte gekauft. Weiter präsentierte sie stolz ein paar Sandalen sowie ein neues Handtäschlein, dabei verschwieg sie, dass ich Schuhe und Tasche mit ausgesucht hatte, nachdem sich unsere Wege beim Bummel durch die Stadt rein zufällig gekreuzt hatten. Es ging auch niemanden etwas an, dass wir nach der Einkaufstour fast alle kandierten Früchte aufgefuttert hatten, während wir mit einer Flasche Rotwein auf der Außenmole sitzend das traumhafte Abendschauspiel des Sonnenuntergangs beobachteten. Im Gleichklang mit der Natur hatten wir weder die harten Steine unter uns gespürt noch die Mücken rundherum.

Während die Farbpalette der versinkenden Sonnenkugel von Orange über Blutrot ins Karmesinrot wechselte und langsam ins Meer tauchte, fanden sich wie selbstverständlich unsere Lippen. Wir genossen den Augenblick: hier und jetzt und gemeinsam! Wortlos und losgelöst von allen Problemen dieser Welt zählten in diesem Moment nur wir beide. Wir schauten uns tief in die Augen, tauschten gefühlvolle Küsse und hatten vermutlich beide Schmetterlinge im Bauch, die sich leider mit einsetzender Dunkelheit und dem Verschwinden der letzten rötlichen Strahlen so schnell davonmachten, wie sie gekommen waren.

Felix hatte entsprechend dem Reiseführer zielgerichtet die Zitadelle, den römischen Garten und die Barockkirche besucht, später am Abend war er dann in einem Internetcafé gewesen. Post abrufen? Chatten im Urlaub? Weit gefehlt! Den angehenden Herrn Doktor beschäftigte seit Procchio noch immer das nächtliche Meeresleuchten, und er hatte im Internet Informationen zum Thema gesucht.

Nun referierte er: »Diese Erscheinung ist bereits den alten Seefahrern bekannt gewesen. Im Mittelalter wurde sie als Irrlicht unbekannter, vielleicht außerirdischer Herkunft betrachtet und besonders im Gebiet der Bermudas für das Sinken von Schiffen verantwortlich gemacht. Die moderne Wissenschaft hat herausgefunden, dass hinter dem geheimnisvollen Leuchten Vertreter der mikroskopisch kleinen Panzergeiselalgen der Gattung Noctiluca miliaris stecken. Durch mechanische Anregungen, wie sie bei Wellenbewegung oder beim Schwimmen erfolgen, wird eine biochemische Reaktion in diesen Algenzellen aktiviert. Die Zellen sind nicht größer als 0,2 bis zwei Millimeter und senden dann ein weißlich-blaugrünes, kaltes, biogenes Licht aus. Es gibt auch noch andere Wesen wie verschiedene Muscheln, Tintenfische, Krebse, Käfer, Quallen und Fische der Tiefsee, die Biolumniszenz aufweisen. Bei einigen Tieren wird das Licht durch körpereigene chemische Reaktionen hervorgerufen, bei anderen sind dafür spezifische Leuchtzellen oder Leuchtorgane zuständig. Die Bedeutung der Biolumniszenz ist noch nicht ausreichend erforscht. Man nimmt an, dass das Leuchten sowohl als Kommunikationsform untereinander als auch zur Irreführung von Feinden oder zur Abwehr dient. Ob es auch für Paarungsrituale oder zum Beutefang genutzt wird, ist bisher nicht nachgewiesen, wird rein spekulativ, aufgrund adäquater Verhaltensweisen anderer Arten, aber als ziemlich sicher angenommen.«

Wie im Hörsaal trommelten wir unsere Beifallsbekundung aufs Deck, und Mutter Marianne konnte sich ein zärtlich stolzes »mein kluger Sohn« nicht verkneifen.

Früh krümmt sich eben, was ein echter Wissenschaftler werden will!

Ich hatte dieses romantische Leuchten zwar schon öfter beobachtet und auf Nachfragen mal irgendwo gehört, dass es mit Plankton zusammenhängen soll – aber dabei war es auch geblieben. Dank Felix' Wissensdrang wussten wir nun gleich alle Bescheid. Man kann eben immer und überall noch was dazulernen!

Nach fünf Stunden ermüdender, gleichbleibender Tuckerei machten wir einen Badestopp bei Capo di Poro und schlachteten Joachims Riesenmelone, um uns zu erfrischen. Ob der Wetterwarnung hatte ich die ganze Zeit den Himmel intensiv beobachtet. Mit zunehmender Geschwindigkeit verdichteten sich die Wolken vom Westen her. Langsam wechselte die Farbe von sattem Weiß ins Grau. Kanal 68 meldete zu erwartende

Windstärken von sechs bis sieben Beaufort und einsetzende Regenfälle an der Nordspitze von Korsika. Nicht dass ich besorgt gewesen wäre, aber mit dieser Mannschaft wollte ich kein Risiko eingehen.

Die Zufluchtsmöglichkeiten im Golfo della Lacona oder im Golfo di Stella einrechnend, lichtete ich den Anker in der Hoffnung, die rund 18 Seemeilen bis Porto Azzurro doch noch zu packen, bevor das Wetter uns packte. Im Grunde genommen bot die Südküste von Elba ja genug Unterschlupfmöglichkeiten vor einem Unwetter aus West oder Nordwest, nur das Ankermanöver musste im Notfall schnell funktionieren. Wir hielten küstennahen Kurs und ließen die Maschine stampfen.

Ich erklärte den drei Jungs die Situation, ließ vorsichtshalber den Ersatzanker vorbereiten und Schwimmwesten und Lifebelts zurechtlegen. Dann kontrollierten wir noch mal, ob auch wirklich alles sturmfest verstaut und das Beiboot richtig verzurrt war. Doch bis auf die Tatsache, dass die Wolkenwand langsam immer schwärzer wurde und letztendlich den ganzen Himmel überspannte, passierte in den nächsten zwei Stunden gar nichts. Am Capo Calvo, als wir die südlichste Spitze von Elba schon gerundet hatten, setzte dann schlagartig der Regen ein, doch nun waren es nur noch zwei Seemeilen bis zum Hafen. Ich jagte alle unter Deck, reicht ja, wenn einer im Regen steht, wies aber Felix und Moritz an, die mir am seefestesten zu sein schienen, sich angemessen in Ölzeug gekleidet bereitzuhalten. Mehr Vorsorge ging nicht, ich tat, was man eben so tut – den Kragen hochschlagen und fahren!

Wir hatten nun den Nordwest genau gegenan, und ein kräftiges Gewell baute sich auf, doch mir blieb nichts anderes übrig, als Kurs zu halten und die Wellenberge zu queren. Der Hafen war ja schon in Sicht! Marianne, die mittags noch das Lied vom blauen Himmel in Azzurro geträllert hatte, war schon längst verstummt. Durch den Niedergang sah ich alle etwas blass um den Tisch sitzen. Die Fähre lief gerade ein, mehrere Yachten rangierten eilig und im Hafen Schutz suchend umher. Ich musste rückwärts an die Pier, doch trotz tobender Naturgewalten fanden sich hilfreiche Hände, die unsere Heckleinen übernahmen. Damit war für mich die Aktion gelaufen, ich brauchte mich nur noch trockenzulegen. Wir genossen die Sicherheit des Hafens und genehmigten uns einen Manöverschluck, während es draußen noch gut zwei Stunden blitzte, donnerte und wie aus Eimern schüttete. Wenn man erst in Sicherheit ist, weiß man so ein kostenloses Deckscleaning doch viel besser zu schätzen!

Dann brach die Sonne wieder durch. Ein Regenbogen überspannte die Bucht, und die ohnehin malerische Kulisse Azzurros wurde in ein unwirklich anmutendes Farbenspiel aus Rottönen getaucht, die sich ins Bläulichviolette wandelten. Während auf den vom Tag erhitzten Steinen und Mauern des Dorfplatzes das Wasser verdunstete, breitete sich trotz der vielen Menschen, die den Dorfplatz im Nu wieder bevölkerten, eine feierliche gedämpfte Stimmung aus. Die Kellner wischten die Tische trocken, wir orderten Langusten und Rotwein, und ich amüsierte mich über meine Mannschaft, die nun so tat, als hätte sie gerade ein wildes Seeabenteuer überstanden.

Wir speisten vorzüglich, auch wenn die hohe Luftfeuchtigkeit eine unangenehme Frittieröwolke über dem Restaurant entstehen ließ. Was die anderen noch alles vorhatten und warum sie sich nacheinander verkrümelten, blieb mir ein Rätsel. Plötzlich saß ich mit Marianne wieder alleine am Tisch.

»Wollen wir ... noch eine Flasche Rotwein ...?«, fragte sie mich schüchtern.

Ja, warum nicht? Ich hatte nichts anderes vor, und sie musste mich auch gar nicht überreden, um ganz ehrlich zu sein – ich fand es sehr gemütlich mit ihr. Der Abend gehörte uns, und ich schwöre, sie hat während unserer angeregten Unterhaltung weder den »guten Jungen« noch den »bösen Ex-Ehemann« erwähnt. Dafür gestand sie mir, als wir uns gegenseitig stützend (oder doch romantisch verhakelt?) zum Boot zurückkehrten, dass sie ihr sonstiges Jahreskontingent an Rotwein ganz bestimmt in dieser einen Urlaubswoche vertrunken habe und dass sie die große Familie mit den drei Jungs und mir richtig toll finden würde. Na ja – oder vielleicht nur mit Felix und mir, denn Max und Moritz hatten schließlich eine Familie. Jedenfalls: Holzauge sei wachsam, und ich zog mich unter dem Vorwand, wohl ebenfalls ein bisschen zu viel getrunken zu haben, hastig hinter meine sicher verschlossene Kojentür zurück.

Unser letzter Törntag brach an. Da nur noch eine kurze Wegstrecke vor uns lag, beschlossen wir, Azzurro erst am Nachmittag zu verlassen. Wir gönnten uns ein Frühstück in einem Bistro unterhalb der Festung Forte Lungone, die auch heute noch als Gefängnis dient. Wir genossen das Flair der bunten Gässchen und beschlossen dann, gemeinsam das Schaubergwerk La Piccola Miniera di Porto Azzurro zu besichtigen, von dem Marianne im Reiseführer gelesen hatte.

Erze und Kristalle in großen beleuchteten Vitrinen und eine

kleine Grubenbahn erwarteten uns. Wir fuhren durch den Berg und betrachteten die ausgestopften Bergmänner, die sich wohl schon seit Jahren hier von den Besuchern bestaunen lassen. Leider waren die Informationen vom Tonband an den einzelnen Stationen alle in Italienisch, aber man kennt ja die schwere Arbeit der Bergleute aus Fernsehberichten und die Zusammensetzung und Entstehungsgeschichte der Erze aus dem Chemieunterricht – oder etwa nicht? Wir fanden es trotzdem »sehr interessant« und betrachteten die Exkursion als Höhepunkt unserer Segelwoche.

Gegen 16 Uhr lichteten wir den Anker. Mit mäßigen Winden, aber immerhin segelnd zogen wir Richtung Portoferraio. Gegen 18.15 Uhr hatten wir Isola Palmaiola an Steuerbord querab, und als wir mit den Strahlen der untergehenden Sonne den Torre del Martello, den Hammerturm, rundeten und unser Ausgangshafen in Sicht kam, begann meine Mannschaft, das nahende Ende dieser Segelwoche zu bedauern. Wie üblich verspeisten wir die letzten Vorräte. Dann folgten das Packen, die letzte Nacht an Bord und am Morgen der Abschied. War doch wieder alles ganz harmonisch verlaufen!

Freiwillig half ich Marianne, ihr Monstergepäck (Hatte sie das genutzt? Wo hatte es gestanden?) zum Fähranleger zurückzutragen. Ehrlich gebe ich zu: Ich tat es ungern. Doch nicht deshalb, weil es so schwer war, sondern weil mir der Abschied schwerfiel. Der Abschied von Marianne, die mir doch tatsächlich in dieser Woche ein wenig ans Herz gewachsen war.

Ein letztes Händeschütteln, Dankesworte, Umarmungen und Wünsche für eine gute Heimreise, dann verschwand die kleine Menschengruppe mit den so gegensätzlichen Charakteren, die mich eine Woche meines Lebens begleitet hatte, im Bauch der Fähre. Als diese auslief, sah ich Marianne am Heck stehen, und ich bin mir ziemlich sicher, sie hatte das Taschentuch nicht nur zum Winken in der Hand.

Die idyllische Ankerbucht

Wir lagen gemütlich vor Anker in einer der zahllosen wunderschönen Buchten der ionischen Inselwelt und genossen gerade unseren Sundowner in der Plicht, als sich ein weiteres Boot in die Bucht schob. Aufgeregtes Stimmengewirr drang an unsere Ohren. Wenn man selbst schon alles aufgeklart hat, ist es immer lustig, die Anker- oder Hafenmanöver der anderen zu verfolgen. Wir reichten also die Flasche noch mal rum, und in stiller Übereinkunft legte jeder seine »Lästerplatte« auf: Mal sehen, was die da drüben so zu bieten haben.

Zwei große Kreise und eine Acht wurden gefahren, und die gesamte Crew stand an Deck, spähte ins Wasser und gab »Untergrundinformationen« an den Skipper durch. Sehr amüsant! Ein Anker plumpste ins Wasser, und gleich darauf platschte es noch einmal laut. Nanu, hatten die es mit dem Baden so eilig? Wohl ausgetrocknet, was? Nein, es war der Heckanker, und bald sahen wir, wie zwei weitere Crewmitglieder noch ein großes Ankergewicht zum Bug schleppten. Mit vereinten Kräften wurde es mühsam über die Reling gehievt und versenkt. Mit hochrotem Kopf machten die »Ankergewichtler« dann einer Dame und einem jungen Kerl Platz, die mit flinken, sportlich geschulten Bewegungen einen weiß glänzenden Bugfender unter der Ankerkette und dem dicken Tau des Ankergewichts hindurchbugsierten und am Boot befestigten. Hinten spritzte erneut das Wasser auseinander. Mit Tauchermaske, Schnorchel und Flossen ausgerüstet wurde nun ganz offensichtlich die ordnungsgemäße Lage aller Anker kontrolliert, eine gelungene Vorstellung.

Wir saßen wirklich wie bei ARD und ZDF in der ersten Reihe, und unsere Lachmuskeln wurden arg strapaziert. Nach der Aktion am Bug wunderten wir uns auch nicht mehr, als nun längsseits der schönen Yacht ebenfalls große Fender befestigt wurden. Wohlgemerkt: in einer 800 Meter breiten Bucht mit nur zwei Schiffen! Wir schlossen gerade Wetten ab, welcher Nationalität diese Spaßvögel wohl sein könnten, als drüben ein Schlauchboot zu Wasser gelassen wurde. Ein etwas älterer dicklicher Typ, behängt mit mehreren Tampen und einer Kette, ließ sich im Dingi nieder, und der Jüngling griff in die Riemen. So strebten sie dem Ufer zu. Ganz offensichtlich versuchten sie anzulanden, was bei den schroffen spitzen Felsen und dem eindeutig überladenen Schlaucher ein waghalsiges Unternehmen war. Doch irgendwann schienen sie schließlich eine passende Stelle gefunden zu haben, und der Dicke kraxelte samt Kettenbehang eine kleine Felszacke hoch. Grad wollte ich die anderen fragen, ob es hier in der Gegend nicht ..., da hörten wir auch schon einen Schrei.

»Seeigel, Sch...!«

Während bei uns im wahren Sinne des Wortes Tränen gelacht wurden, sodass ich mir unter Schüttelkrämpfen etwas vom guten Retsina über die Schenkel kippte, erkannte ich endlich den Sinn der Aktion: Eine Landleine sollte ausgebracht werden.

Schlagartig verging mir das Lachen. Hatte ich etwas übersehen? Fallwinde, eine Gewitterfront mit Sturmböen, Orkane, Seebeben? Nein, alles ruhig! Wir lagen in einer nach Westen offenen Bucht und hatten idealen, lauen Südwind. Kein Strom war zu spüren, und kein unterirdischer Quell blubberte. Ein herrliches Abendrot bot uns ein Farbenspiel in der Bucht, das man nicht beschreiben kann, und das Barometer zeigte unverändert auf »Schön«. Vorsichtshalber kontrollierte ich noch mal das Wetterfax und nutzte auch mein Handy für die neuesten Wetterdienstanzeigen per SMS. Alles ruhig! Friedlich schwoite unsere Yacht um ihr Ankerchen. Durch die Lageveränderung konnten wir nun auch an der unter der Saling der Nachbaryacht befestigten großen blauen Europaflagge die drei rot-weißroten Balken erkennen, die für eine ganz bestimmte Spezies der »Gebirgssegler« steht. Wortfetzen wie »Hätten wir uns denken können«, »Hab' ich ja gleich gewusst« und »Ötzis sollten Ski fahren statt segeln« flogen als traditionelle Plänkeleien gegen die Österreicher zwischen meinen Mitseglern hin und her. Offensichtlich hatte man drüben das Vesper beendet, denn jetzt wurden alle Positionslichter gesetzt, und der Mann, der sich im Bugkorb niederließ, hatte ganz sicher die heiß begehrte Aufgabe der Bordwache inne. Genau in dem Moment, als die Sonne endgültig unter der Kimm verschwand, setzte Musik ein. Der »Zillertaler Hochzeitsmarsch« auf Gitarre und Harmonika, mitten in Griechenland, in unserer Bucht! Wir krochen in unsere Kojen. Dank des Retsinas schliefen wir trotz des alpenländischen Kulturprogramms auf dem Nachbarboot bald ein.

Übrigens steht es schwarz auf weiß im Handbuch für Seemannschaft: Genau so und nicht anders ankert man in unbekannten Gewässern, und bei Charteryachten ist doppelte Vorsicht geboten, da kann eine zusätzliche Landleine nix schaden, ebenso wenig wie ein paar dicke Fender rund herum. Bordwache bleibt Bordwache!

Das Portemonnaie

Ich war der Einladung meines Freundes Georg gefolgt, eine Woche mit ihm zu segeln, weil er in der Vorsaison noch Plätze frei hatte. Georg ist Charterskipper wie ich, im Gegensatz zu mir jedoch vertraglich an eine Agentur gebunden. Er würde auf dem Törn den Hut aufhaben, ich wäre seine stille Reserve, im Notfall eine wissende hilfreiche Hand, ansonsten Urlauber; das klang gut und erholsam.

Er hatte Korfu – Korfu auf dem Programm. Mit seiner Lebenspartnerin Ulla, mit Andrea, Horst, Daniel, Tobias und mir waren wir zu siebt, und alles lief prächtig.

Unser dritter Törntag brach an, der Morgen graute, und die ersten Sonnenstrahlen bahnten sich ihren Weg durch den Dunstschleier über dem Hafen von Fiskardo. Im Halbschlaf registrierte ich die unvermeidlich raschelnden Geräusche, die es nun einmal gibt, wenn sich jemand aus seinem Schlafsack schält. Dann knarrten die Stufen des Niedergangs, und mit dem Gedanken »Ulla wird wohl zum Bäcker gehen« rollte ich mich noch einmal zusammen.

Plötzlich drangen ein gezischeltes, unflätiges »Mist – verflixter« und das lauter werdende Klappern von Schappverschlüssen an mein Ohr. Das Quietschen der Kartentischklappe signalisierte mir schließlich, dass Georg als verantwortungsbewusster Skipper bereits nach dem Rechten sah. Ich krabbelte ebenfalls aus dem Schlafsack und verfolgte, noch immer nicht ganz munter, eine hektische Suchaktion unserer lieben Ulla. Ihrem Redeschwall entnahm ich, dass ihr Portemonnaie verschwunden war. Georg konnte offenbar auch noch keinen klaren Gedanken fassen und verdrückte sich gähnend in die Nasszelle.

Ich verließ meine Koje und versuchte, Ulla zu beruhigen, reichte ihr ein paar Euro und schickte sie erst mal zum Bäcker. Ulla war Georgs Freundin, und so war es nicht verwunderlich, dass auch er im Moment ziemlich missmutig dreinschaute. Die Aktion hatte entsprechend Lärm verursacht, weshalb nun alle munter waren – ein zeitiges Frühstück zeichnete sich ab.

Beim Kaffeetrinken besprachen wir das Ganze, und es stellte sich heraus, dass es sich nicht um Ullas, sondern um das Portemonnaie unseres Skippers, sprich: um ein schwarzes Herrenportemonnaie, handelte. Und wie es Herrenportemonnaies so an sich haben, waren darin: mehrere Scheckkarten, der Führerschein, die Bootslizenz, ein dem Törnbeginn entsprechend größerer Geldbetrag und zu allem Überfluss auch noch die Rückflugtickets. Nachdem das festgestellt war, herrschte zunächst betretenes Schweigen an Bord. Dann ging eine wilde Diskussion los. Von »Such erst mal richtig!« über »Man trägt auch nicht alles mit sich rum!« bis »Wann und wo hattest du es denn zuletzt?« und »Ich hab' auch schon mal ...« gab es ein lautes Hin und Her, das uns keinen Schritt weiterbrachte. Erst als Horst fragte, ob denn das Auslaufen entsprechend unserem Zeitplan stattfinden könne, kam Ernüchterung auf.

Dass wir nicht ausliefen, war logisch. Wir räumten die Pantry auf und durchsuchten dann gemeinsam das Boot. Auf diese Weise fanden wir zwar Horsts Strümpfe und eine Sonnenbrille, die niemandem gehörte, der Geldbeutel blieb jedoch verschwunden.

»Jetzt fällt's mir ein«, tönte Ulla plötzlich laut. »Andrea, du musst ihn haben! Als wir gestern an der Uferpromenade beim Abendessen saßen, hab' ich ihn dir gegeben, bevor ich zur Toilette ging. Da hab' ich ihn zuletzt gesehen.«

Alle Blicke richteten sich auf Andrea, deren Gesicht augenblicklich die Farbe einer Tomate annahm. Vor Schreck war sie gar nicht in der Lage, etwas zu sagen. Irgendjemand wollte dann wissen, wieso Ulla das Portemonnaie eigentlich nicht ihrem Georg zum Aufpassen anvertraut habe.

»Der war doch schon zum Boot zurückgegangen, und wir haben noch auf den Kellner gewartet, um zu bezahlen – und als ich auf Toilette wollte, hab' ich es Andrea gegeben, hundert pro – das müsst ihr doch auch gesehen haben«, ereiferte sich nun Ulla.

Inzwischen hatte Andrea sich gefasst und verfolgte den Faden der Logik: »Ich habe es dir doch wieder gegeben. Denn als der Kellner endlich mit den Rechnungen kam, warst du doch schon zurück. Du hast selbst bezahlt, das weiß ich ganz sicher!«

»Stimmt«, bestätigte Horst.

Er erinnerte sich plötzlich wieder genau, dass Ulla mit zwei Zwanziger-Euroscheinen bezahlt hatte, weil er danach noch mit ihr Münzen tauschte, um seinen Bezahlbetrag passend zu machen.

Also war Ulla wieder dran. Sie glaubte, sich jetzt zu erinnern, dass sie, als sie an Bord ging, nur ihre Schuhe und eine Flasche Mineralwasser in der Hand hielt. »Dann hab' ich es wohl auf dem Tisch liegen lassen, wir müssen im Restaurant fragen!«

Während Ulla und Georg sich auf den Weg zum Restaurant machten, bummelten wir die Uferpromenade entlang und suchten dabei in allen Ecken, am Rand des Hafenbeckens und im Bereich der Kaimauer alle Papierkörbe ab. Wir hegten die Hoffnung, ein Dieb habe vielleicht das Geld genommen und dann das Portemonnaie mit den Papieren weggeworfen. Wir fanden jedoch nichts. Unser Stimmungsbarometer sank, und wir gönnten uns ein frühschoppenartiges zweites Frühstück, das mit vielen Wenn- und Aber-Sätzen untermalt war.

Als wir um elf Uhr wieder zusammentrafen, stellte sich die Situation nicht viel besser dar. Der Revierkellner hatte erst ab 17 Uhr wieder Dienst und war auch telefonisch nicht zu erreichen gewesen. Der Restaurantchef hatte geglaubt, in den Nachfragen den versteckten Vorwurf eines Diebstahls erkannt zu haben, und deshalb ein lautes Palaver vor dem Restaurant angefangen, das viele Schaulustige anlockte. Das hörten auch ein paar Engländer, die am Abend zuvor am Nachbartisch gesessen hatten. Diese erinnerten sich, wie der Kellner den Tisch abgeräumt hatte: alle Gläser auf ein Tablett und dann den Rest in die Papiertischdecke gerollt und ab in die Mülltonne!

Der Restaurantchef sah sich entlastet, im Halbdunkel der Taverne wäre dabei ein Geldbeutel schon mal zu übersehen. Eilig führte er die Suchenden zur Müllecke. Ein Hoffnungsschimmer? Leider waren gerade an diesem Morgen die Müllsäcke zur Deponie transportiert worden. Dorthin wollten sich unsere beiden inzwischen restlos deprimierten Geldsucher nun aufmachen.

Wir konnten nicht helfen. Horst stellte mit unnötig lauter Stimme fest, dass damit der Segeltag wohl gelaufen sei. Und während er mit Daniel und Tobias in die Bar zurückging, verholte ich mich mit Andrea zum Badestrand. Nächster Treff: 14 Uhr.

Ich war froh, dass mir bei meinen eigenen Chartertouren so was noch nie passiert war. Beim Nachmittagstreff spürte ich den Tiefpunkt fast körperlich. Die Aktion Mülldeponie hatte außer ein paar Mückenstichen nichts gebracht. Die Chance war ja auch 1:100 gewesen. Insbesondere wegen der fehlenden Papiere war Georg inzwischen bei der Gendarmerie vorstellig geworden, und nachdem die Geschichte trotz vieler Verständigungsprobleme dokumentiert war, hatte man die deutsche Botschaft informiert. Dort gab man sich nach endlosen Telefonschleifen und mehrfachem Weiterverbinden freundlich, aber reserviert und erteilte gute Ratschläge betreffs »richtig suchen und abwarten«. Natürlich konnten wir den Hafen nicht verlassen, und falls die Papiere nach 24 Stunden immer noch nicht wieder aufgetaucht wären, sollten wir uns wieder melden. In den nächsten Tagen würde dann jemand vorbeikommen, ein Protokoll aufnehmen und sich um neue Papiere kümmern. Sehr hilfreich! Georg war einem Nervenzusammenbruch nahe.

Ulla hatte inzwischen mit den deutschen Banken telefoniert und alle Karten sperren lassen. Nach einem heftigen Disput über allgemeine Sorgfaltspflichten und ihre spezielle Schusslichkeit saß sie reichlich deprimiert in der Plicht und litt vor sich hin, während Georg wie ein Tiger im Käfig sinnlos vom Bug zum Heck und wieder zurück tappte. Mir fiel kein tröstendes Wort ein, und so blieb ich lieber still. Was sollte man auch tun? Wo noch suchen? Unsere letzte Hoffnung richtete sich auf den Kellner, vielleicht entpuppte er sich doch als ehrlicher Finder und hatte nur in der Nacht beim Abräumen nicht gewusst, wohin mit dem Ding. Möglicherweise hatte er es sicherheitshalber an sich genommen und brachte es ganz selbstverständlich bei Dienstantritt wieder mit?

Horst und die anderen beiden hatten inzwischen Rotweinlaune. Nach dem Motto »Was kümmert uns fremdes Leid« saßen sie gegenüber vom Liegeplatz auf einer Bank am Kai und hielten ein Fläschchen zwischen den Beinen. Den Ernst der Situation hatten sie wohl noch gar nicht erfasst, denn inzwischen ging es nicht mehr nur um den Verlust des Portemonnaies, des Geldes oder der Kreditkarten. Das sind persönliche Dinge, und deshalb war man bei der Polizei erst richtig munter geworden, als der Verlust der Bootsdokumente und der Lizenzen aufs Tablett kam. Böse Verdächtigungen von Schmuggel, Yachtdiebstahl und Trickbetrügereien waren danach vom Dolmetscher in den Raum gestellt worden.

»Nix Papiere – nix weitersegeln!«

Das war die Lage. Und seitdem trieb sich der Herr Gendarm ziemlich auffällig immer in Sichtweite unserer Yacht herum.

Plötzlich tönte ein lautes »Ooooooh Schit!« über das Hafenbecken.

Wir identifizierten Horsts Stimme. Dann sahen wir ihn auch schon wild gestikulierend auf uns zu rennen, und gleich darauf flog wie ein zu heißes Stück Kohle der Gegenstand unserer Suchaktion auf den Tisch! Während Horst wie in Trance permanent den Kopf schüttelte und seine Hände auf dem Rücken verbarg, waren wir zunächst sprachlos.

»Das Portemonnaie!«, Ulla liefen Tränen der Erleichterung über die Wangen, während sie den Inhalt kontrollierte. »Was – wieso – warum – woher –?«

Sie umkrampfte das Teil, gleich darauf schob sie es wieder in die Tischmitte zurück.

Da lag nun das Corpus Delicti – die Luft knisterte, und alle Augen richteten sich auf Horst.

Der verschwand ohne ein Wort und noch immer kopfschüttelnd in seiner Kabine. Es rumorte etwas, und als er den Niedergang wieder hochkam, legte er ein zweites Portemonnaie auf den Tisch. Ein ZWILLING!

»Ich bin schuld und kann doch nichts dafür«, so sein Kommentar, bevor er langsam auf die Bank sank.

Genauso dick, genauso abgeschabt, der gleiche Farbton: zwei unschuldige Herrenportemonnaies, auf einem Cockpittisch in Griechenland. Nach langwieriger Diskussion rekonstruierten wir den Tathergang: Trotz ihrer gegenteiligen Behauptung hatte Ulla offensichtlich Schuhe, Mineralwasser und Geldbeutel mit an Bord getragen. Horst war in der Nacht von einem menschlichen Bedürfnis geweckt worden und nach draußen geklettert. Beim Zurückkommen sah er »seinen« Geldbeutel auf dem Tisch liegen, nahm ihn mit und verräumte ihn im Schapp. Bei der morgendlichen Suchaktion registrierte er ebenfalls nur »seinen« Geldbeutel. Als er beim Verlassen des Schiffes seine Hose anzog, steckte er ihn ohne weitere Beachtung ein und trug ihn den ganzen Tag spazieren. Erst als sie am Kai saßen und er einem vorbeikommenden Händler ein paar Postkarten abkaufen wollte, bemerkte er nach dem Öffnen den Irrtum. Seinen eigenen Geldbeutel fand er dann in der in der Koje liegenden hellen Hose, die er am Tag zuvor beim Abendessen getragen hatte.

Ein dummer Zufall, ein peinlicher Irrtum, viel unnötiges Adrenalin war durch unsere und besonders durch Ullas und Georgs Adern geflossen. Ein ganzer Segeltag futsch! Doch irren ist nun mal menschlich! Dass es keine Absicht war, sah jeder ein, und eigentlich hätte man nun zur »Tagesordnung« übergehen können. Das dachte auch Horst, entschuldigte sich noch einmal und versprach, für die Unannehmlichkeiten am Abend den Wein zu spendieren.

Unser erklärtes Tagesziel wäre Vathi auf Ithaka gewesen.

»Leute, das sind nur 28 Seemeilen, jetzt ist es 15 Uhr – das schaffen wir noch! Klar an Deck und Leinen los«, versuchte Horst mit burschikosem Ton sein Unbehagen zu überspielen und die Crew zu aktivieren.

Doch das war offensichtlich der falsche Ton.

Jetzt kam Leben in meinen Skipperfreund Georg, der sich bisher nicht gerade als Held der Situation bewiesen hatte. Von wegen ablegen! Er forderte alle auf, noch einmal gründlich über die Geschehnisse nachzudenken und sich dann in einer Stunde in der »Messe« zum »Gespräch« zu treffen. Dann ging er wortlos von Bord.

Was sollte das, was hatte er vor? Die meisten verzogen sich in ihre Kojen und harrten der Dinge, die da kommen sollten. Ulla saß am Bug und schrieb eifrig in ihr Tagebuch, das bisher nur spärlich gefüttert worden war. Gefrierpunktstimmung – obwohl sich doch alles aufgeklärt hatte.

Wie brave Schäfchen versammelten wir uns zum vorgegebenen Zeitpunkt in der »Messe« um den Tisch, und pünktlich wie mit der Schulglocke herbeigezaubert erschien auch unser Skipper wieder. Mein Skipperkollege ist im richtigen Leben Lehrer, was nun überdeutlich hervortrat. Die Sache begann zur Komödie auszuarten. Als Erstes tat er kund, dass wir an diesem Nachmittag nicht mehr auslaufen würden, weil er immer noch ganz fertig sei und erst die Vorfälle verarbeiten müsse. Doch alle hatten das Gefühl, es ging ihm mehr um eine Art Machtdemonstration, Strafe oder auch Rache. Wie peinlich!

Er war noch einmal bei der Polizei gewesen, um die Anzeige zurückzunehmen, hatte mehrere Dokumente ausfüllen müssen und langwierige Gespräche geführt. Klar, das war ziemlich viel unnötiger Ärger, aber irgendwie lag das nun mal im Zuständigkeitsbereich eines Skippers. Wie er das handhabte, befremdete mich sehr. Genauso wie die anderen, die bei ihm ja eine Woche Urlaub gebucht hatten. Schulmeisterlich fasste er die Geschehnisse des Tages zusammen, erläuterte die ihm entstandenen Unannehmlichkeiten und gab dann das Wort offiziell an Ulla weiter. Wir starrten ihn mehr oder weniger entgeistert an, glaubten uns in eine Schulstunde versetzt und konnten nach einigen bedeutsamen Blicken kaum noch das Lachen zurückhalten.

Ulla setzte dem Ganzen die Krone auf: »Ich werde Jahre brauchen, um das heute Erlebte zu verarbeiten. Und ich habe noch eine Frage an Horst – wie hast du dich gefühlt, als du das Portemonnaie fandest?«

Andrea nahm den Faden auf. Sie hatte auch pädagogische Vorkenntnisse, fragte ganz offen heraus, ob das jetzt eine Supervisionsshow werden solle, und ob das nötig sei. Dann seilte sie sich ab mit den Worten: »Ich geh' so lange spazieren.«

Ganz anders Horst. Der sprang wütend auf, hieb mit der Faust auf den Tisch, bekräftigte wiederholt, dass er sich an der Verwechslung nicht wirklich schuld fühle, sich aber trotzdem schon entschuldigt habe. Das sei ja wohl genug! Er wolle sich jetzt aber nicht wie ein Schulbub behandeln lassen! Dann empfahl er dem Skipper, lieber an Land was trinken zu gehen und sein Kindertheater hier am Tisch zu beenden. Und mit den Worten »Hab's ja immer gewusst, Lehrer ist kein Beruf, sondern eine Diagnose« verschwand auch Horst.

Froh, in dieser Runde nur Gast zu sein, hielt ich mich raus und beschloss, auch noch ein wenig an der Uferpromenade entlangzuwandern. Wie von unsichtbaren Fäden gezogen, fanden nach und nach alle den Weg in die kleine Bar, in der wir am Morgen dieses unglückseligen Tages unsere ersten zwei Stunden Wartezeit überbrückt hatten. Ich konnte nicht anders, ich bezog indirekt Stellung, indem ich mit dem Rest der Crew die von Horst spendierten Rotweinflaschen leerte. Schließlich vesperten wir gemeinsam, während ich vergebens hoffte, Georg und Ulla würden im Laufe des Abends ebenfalls noch den Weg zu uns finden. Doch auch nachdem wir alle eine Nacht über die Ereignisse geschlafen hatten, war die Stimmung am Morgen nicht besser.

Mitten in die schweigsame Frühstücksrunde hinein verkündete Skipper Georg auf einmal, dass er nicht mehr gewillt sei, wie geplant Vathi anzulaufen, sondern ein anderes Ziel anvisiere. Das war ein eindeutig persönlicher Rachefeldzug gegen Horst, denn dieser war schon einmal dort gewesen und hatte allen von der Schönheit der Insel und des Städtchens vorgeschwärmt. Auch Skipper sind eben nur Menschen. Ulla sah man deutlich an, wie peinlich ihr die ganze Situation war, doch sie traute sich nicht, etwas zu sagen.

Horst beherrschte sich nur mühsam. Er erhob sich und verkündete, dass damit für ihn der Törn beendet sei, er werde seine Sachen packen und das Schiff verlassen – und natürlich entsprechende Beschwerden an die Charteragentur schicken zwecks Regressleistung, wegen einer sinnlosen Planänderung und einem menschlich ungeeigneten Skipper. Der Rest der Crew stand hinter ihm. Ich konnte nicht anders, ergriff Partei und mischte mich ein. Es folgte ein ernstes Unter-vier-Augen-Gespräch zwischen Freunden.

Um es kurz zu machen: Keiner verließ das Schiff, und wir segelten dann doch noch nach Vathi. Ich hatte mich mit Georg geeinigt, dass ich das Kommando übernahm, mehr oder weniger um einer »Meuterei« vorzubeugen, die vermutlich zu einer langwierigen Polemik zwischen Skipper, Charteragentur und den Seglern geführt hätte. Der Rest der Crew akzeptierte den Umstand des Skipperwechsels und dass Georg und Ulla nun sozusagen gleichgestellte Urlauber an Bord waren. Schließlich konnte man sie ja nicht aussetzen, wie man es zu Christoph Kolumbus' Zeiten mit einem »abgewählten« Kapitän gemacht hätte. Trotz aller Bemühungen verliefen die restlichen drei Tage dennoch ziemlich angespannt, da sich, was vorhersehbar war, zwei Grüppchen gebildet hatten, die versuchten, sich so gut wie das auf 42 Fuß eben geht, aus dem Weg zu bleiben. Daher zählt dieser Törn auch nicht gerade zu den schönsten Erinnerungen meiner Erlebnisse auf See.

VPKs und andere Persönlichkeiten

Die meisten Menschen glauben, ein Charterskipper habe sein Leben lang Urlaub, gehöre zu den Glückskindern, die ihr kostspieliges Hobby zum Beruf machen und durch Gäste finanzieren lassen, um ganzjährig auf der Sonnenseite des Lebens dahinzutreiben beziehungsweise zu segeln. Man könnte es auch so formulieren: Von denjenigen, die eine Beziehung zum Wassersport haben, glauben viele, der Charterskipperjob wäre noch bequemer als die gut bezahlte, mit Ferien durchsetzte Halbtagstätigkeit der verbeamteten Lehrergilde.

Und obwohl man als Skipper täglich an der frischen Luft ist, als sonnengebräunter Weltenbummler mit einer Braut in jedem Hafen und Kenner der besten Restaurants der Halbkugel gilt, muss manche Agentur händeringend nach Mitarbeitern suchen. Nach verantwortungsbewussten Könnern wohlgemerkt.

Doch der immer lustige Skipper im blau-weißen Ringelshirt ist ein Klischee und so wenig real wie die ewig lächelnde, gut gestylte Crew aus der TV-Serie »Das Traumschiff«.

Skipper zu sein ist ein 24-Stunden-Job mit chronischem Schlafmangel. Der Skipper ist verantwortlich für alle technischen Dinge am und um das Boot herum, für die Navigation, den Terminplan und natürlich das Wetter. Des Weiteren für nie zur Neige gehende Wein-, Getränke- und Lebensmittelvorräte und natürlich auch für die, trotz ausführlicher Bedienungsbelehrung, mit Papierklumpen und Tampons verstopfte Bordtoilette. Voller Freude darf er an Reling und Deck klebende Reste der Seekrankheit beseitigen, je nach Bedarf Koch oder Krankenschwester spielen – manchmal auch Psychiater, Ehekrisenschlichter, und wann immer Kinder an Bord sind, selbstverständlich die allgegenwärtige Aufsichtsperson und den Animateur. Nicht zu vergessen: Er ist natürlich auch zuständig für den Umgang mit den Behörden und muss immer auf dem neuesten Stand von allen möglichen Vorschriften für Zoll- und Reisedeklarationen bleiben. Und natürlich hat er seine Gefühle im Zaum zu halten, wenn er als Einziger im grauen Nebel am Ruder steht und sich die Feuchtigkeit des permanenten Regens langsam durch das im Kragen steckende Handtuch frisst. Sein Privatleben basiert auf einer schwierigen Gruppendynamik unter engsten Raumverhältnissen. Aber bei so einem Traumjob muss man halt ein paar Kompromisse machen!

Besagte Kompromisse sind je nach Zusammensetzung der Chartergäste sehr unterschiedlicher Natur, und es gilt dabei, flexibel, dynamisch und natürlich immer freundlich und verständnisvoll zu bleiben. So wurde bei einem meiner Törns meine Geduld einmal von einem Mitsegler strapaziert, dem wir bereits am zweiten Tag den Spitznamen »Verpackungskünstler« verpassten. Schon beim ersten Einkauf des Bordproviants stellte er sein Fachwissen über Verpackungsmaterial, Papier- und Pappkartonwandstärken sowie deren Falzmöglichkeiten unter Beweis, was bei der Beseitigung des Abfalls zunächst gewisse Vorteile brachte. Beim gemeinsamen Abendessen in einer gemütlichen Hafenkneipe erfuhren wir dann viel Wissenswertes über die Möglichkeiten, Lebensmittel zu verpacken.

»Wisst ihr eigentlich, dass diese kleinen Würstchen, die du da auf dem Teller hast, bei uns in Frankfurt verpackt werden? Und wenn sie woanders verpackt werden, dann liefern wir zumindest die Kartons. Das Gemüse hier ist sicher auch von XYZ, da werden immer drei oder sechs Dosen zusammen foliengeschweißt und dann als Einheit in Kartons weiterverpackt. Aber letzten Monat hatten wir wieder Fischstäbchenkartons aufm Band, die liefern wir direkt nach Bremerhaven, wo sie verschifft werden. Ihr wisst doch sicher, dass die Verarbeitung der Fischstäbchen heutzutage gleich auf den Fangschiffen erledigt wird? Aber habt ihr euch mal Gedanken gemacht, wie viele kleine Kartons Fischstäbchen, die mit der dünneren Pappe, in einen Versandkarton passen?«

Der Wirt räumte schon die leeren Teller ab, da erfuhren wir, wie hoch die Tara-Prozente kalkuliert werden entsprechend dem Gesamtwarenwert, und wie schwierig es oft ist, wenn so ein Designer mal wieder eine achteckige Pralinenschachtel entworfen hat, diese maschinell in quadratischen Versandkartons platzsparend zu verpacken. Als ich meinen Ouzo zur Verdauung trank, ging es um verschiedene Druckverfahren für bunte dünnwandige Präsentverpackungen.

Ich bemerkte, wie die anderen begannen, sich komische Blicke zuzuwerfen, und irgendwann blieben diese an mir hängen. Solch spezielle Blicke kenne ich nur zu gut. Ich habe sie »Unternehmerblicke« getauft, denn sie bedeuten so viel wie: Unternimm was, du bist der Skipper und verantwortlich für unseren Urlaub, wir zahlen schließlich!

Schon dreimal hatte jemand versucht, das Thema zu wechseln, doch nach wenigen Sätzen führte Horst wieder das Gespräch an und kam prompt erneut auf die Verpackungen zu sprechen.

»Urlaub – abschalten – Themawechsel«, versuchte ich es ganz gezielt. Anhand einer im Restaurant hängenden Landkarte erläuterte ich die Route des nächsten Tages und schaffte fünf zusammenhängende Sätze. Dann fiel Horst ein, dass sie solche Karten auch schon mal verpackt hatten, eingeschweißt als »Zehnerstapel Deutschland« für den ADAC in Zwei-Millimeter-Folie.

Unternehmerblicke!

Ich versuchte es noch mal deutlicher: »Horst – abschalten, Urlaub, die Arbeit interessiert momentan nicht! Außerdem müssen wir noch über die Bordkasse reden.«

Bis die finanziellen Dinge geklärt waren, hatten wir noch einige Ouzos getrunken, und nachdem wir zum Schiff zurückgekehrt waren, fielen alle, mehr oder weniger gut ver- oder eingepackt, in ihre Kojen.

Völlig unerwartet begann jedoch auch der nächste Tag gleich am Morgen mit dem Thema Verpackung. Als wohlmeinender Frühaufsteher war unser Kartonagenkünstler am Morgen ins Dorf gewandert und hatte sich auf die Suche nach einem Bäcker gemacht, um uns mit frischen Brötchen zu erfreuen. Dass es nur Stangenweißbrot statt Brötchen gab, machte etwa 40 Prozent seines Ärgers aus, die anderen 60 fügten sich an, als ihm die Dame alles in die Hand drückte. Einfach so! Ohne Tüte! Als er das monierte, bot ihm die unschuldige Verkäuferin in Ermangelung anderer Möglichkeiten eine Zeitung an. Da erlebte der kleine griechische Bäckerladen auf dieser kleinen griechischen Insel die Explosion eines deutschsprachigen Verpackungsfanatikers.

Zum Glück für die Verkäuferin verstand sie nur wenig Deutsch. Sie hatte also keine Ahnung, weshalb Horst sich so aufregte, obwohl er doch so schöne Brote bekommen hatte. Das Wechselgeld hatte gestimmt, sie blieb total gelassen.

So viel Unkenntnis, Trägheit und Laisser-faire erhöhten

Horsts Blutdruck. Im Zwiegespräch mit den unverpackten Brot-
en redete er sich auf dem Rückweg so richtig in Rage und platzte
dann wie eine Bombe in unsere morgendliche Urlaubsstimmung
an Bord. Dass keiner seinen Kummer so richtig zu verstehen
schien, brachte ihn noch mehr auf Touren. Worte wie Hygiene,
Gewerbeaufsichtsamt und Handelskammer flogen übers Deck,
während alle, mehr oder weniger zum Thema schweigend, ihr
Frühstück verzehrten. Als er nach einer Suada über das rück-
ständige Griechenland bei der unfähigen EU-Kommission angekommen war, spürte ich wieder diese Blicke, die mich durchbohrten! Du, Skipper ...! Unternehmerblicke!

»Alles klarmachen zum Ablegen!«

Ich teilte Horst zum Ankeraufholen ein und ließ den Anker
wegen eines vermutlichen Kabels im Hafenbecken noch zweimal
absinken und wieder einholen. Dann übergab ich das Ruder und
stellte mich zu einem kleinen Gespräch neben ihn an den Bug.

Wie erhofft, hatte er inzwischen ein bisschen Kraft und
Dampf mit dem schweren Eisen verspielt und stand meiner
Argumentation betreffs Urlaub, abschalten vom Berufsleben
und »andere Länder, andere Sitten« durchaus aufgeschlossen
gegenüber. Strahlender Sonnenschein und ein azurblaues Meer
beruhigten die Gemüter, um uns herum kreuzten ein paar andere Segler, und wenn ein FRED OLSEN, so nennen wir die Fährschiffe
der Ferryline Fred Olsen, an uns vorbeizog, winkten wir den
Passagieren zurück.

Ein harmloses »Mon Chéri«, herumgereicht in einer dieser
bekannten kirschroten Walzpappschachteln mit Klarglasfolie,
bereitete dem schönen Segeltag ein jähes Ende. Nach dem fünften Satz über Kaufanimation via Verpackungsmöglichkeiten

beendete ich den Vortrag durch einen lauten Schlag mit der Handfläche auf die Backskiste und verkündete, kraft meines Amtes als Kapitän, folgendes Bordgesetz: »Wer die Urlaubsfreuden unseres Segeltörns durch Gespräche über seine Arbeitsstelle, seine Tätigkeit oder sein Arbeitsumfeld stört, zahlt ab sofort und während der Dauer des gesamten Törns pro angefangenem Thema zwei Euro in die Bordkasse.«

Ich erntete spontanen Beifall, was bewies, wie sehr unser Verpackungskünstler, der inzwischen nur noch VPK hieß, mit seinen Schachteln und Prägemaschinen an den Nerven aller gezerrt hatte. Ulrike holte ein Extra-Döslein und meinte, sie wolle das aufstellen, um am Ende nachzählen zu können, wie wichtig das Thema Arbeit sei.

Diese finanzpädagogische Methode erwies sich als sehr effizient. Natürlich steckte jeder, auch ich, im Laufe unserer Urlaubswoche etwas in die Kasse, ganz lassen sich Themen des Alltags ja nicht vermeiden, doch von längeren Vorträgen wurden wir verschont.

Meist begannen die zahlungspflichtigen Sätze mit: »Bei uns im Büro …« oder »Mein Kollege …«.

Manchmal stimmten wir auch ab, ob der Betrag zu entrichten sei oder das Thema nur zufällig mit dem Beruf kollidierte. So ließen wir zum Beispiel Ulrike, die Geschichtslehrerin war, kostenlos von den Göttern des Olymp berichten, als wir Kap Sounion rundeten. Auch Heiner, der sich mit technischer Fachkenntnis um unser ausgefallenes Log bemühte, musste nichts bezahlen, als er erwähnte, dass ihm das Voltmeter jetzt sehr gute Dienste leisten würde, welches er auf seinen Montagetouren sonst immer bei sich habe. Unser VPK blieb jedoch trotz aller Einsicht der eifrigste Zahler. Er haderte am meisten mit sich selbst, weil er nicht loslassen konnte, was ihm wohl auf diesem Törn zum ersten Mal richtig bewusst wurde. Mal stolperte er über einen Eierkarton aus Recyclingpappe und löhnte für seinen Redeschwall über Sekundärrohstoffumwandlung. Ein Lizenzvertrag mit den Spaniern für die Folienverpackung von Butterkeksen kostete ihn am selben Tag weitere zwei Euro, und gleich noch mal zwei musste er berappen, weil ihn beim Manöverschluck das Weinetikett an einen Spezialauftrag erinnerte – eine gewinnträchtige Sonderedition zum Jubiläum eines Weinbauers an der Mosel. Ob er sich als eingefleischter Single nun wirklich restlos seinen Verpackungen verschrieben hatte, oder ob es mit Imponiergehabe gepaartes Mitteilungsbedürfnis war, das ihn ständig von seiner Arbeit berichten ließ, darüber gingen die Meinungen auseinander. Eines jedenfalls war er nicht – geizig. Er machte keinen Aufstand wegen des Spardösleins. Obwohl ganz sicher 80 Prozent des Inhalts aus seinem Portemonnaie stammten, gab es keine Klage, reumütig entrichtete er immer wieder seinen Obolus.

Am letzten Tag, als wir in Lavrio das Boot zurückgaben, vernaschten wir in der Eisdiele am Markt gemeinsam eine Runde Eisbecher zulasten unseres Arbeitswahns. Da immer noch was übrig war, zog Heiner los, um für den Abend noch zwei Flaschen Wein zu besorgen.

Das Boot geputzt, die Seesäcke gepackt, machten wir uns schließlich über den Wein her, während wir auf das Taxi zum Flughafen warteten. Mit den Worten »Freunde, Ehrlichkeit bis zum letzten Cent« präsentierte Heiner als Bord- und Zusatzkassenbeauftragter neben den Weinflaschen den Kassenzettel des

Supermarkts und eine Schachtel Chocolat Pavot und strahlte: »Es ging genau auf!«

Abschiedsstimmung.

Da erhob sich unser VPK, mit fast feuchten Augen nahm er feierlich die dünnwandige, geprägte Falzschachtel mit Mehrfarbdruck, ohne Einlage und Folie, in seine Hände, wobei er gleichzeitig fünf Euro auf den Tisch legte.

»Macht, was ihr wollt, nehmt das Geld als Samen für die nächste Bordkasse, aber lasst euch erzählen, wie schwierig es war, diese achteckige Packung zwischen Designer und Maschineneinsteller endlich produktionsreif zu kreieren, wie viele Sitzungen wir deswegen hatten, und wie oft wir darüber gestritten haben, ob die kleinen Pralinen noch mal aufwendig in eine orangefarbene Folie kommen sollen oder doch lieber in einen ...«

Da kam das Flughafentaxi!

Der Pannentörn

Für diesen Sommer hatte ich Kroatien in meinem Logbuch vornotiert und hoffte, dass sich auch für mich ein paar schöne Tage mit wenig Stress und etwas Urlaubsatmosphäre ergeben würden. Zu diesen Hoffnungen berechtigte mich meine erste Crew der Saison, zu der vier Segler (drei Männer und eine Frau) gehörten, und von denen ich Mitarbeit, Sachkunde und Seemannschaft erwartete.

Portemonnaie-Horst und Andrea, die ich einst auf Georgs Schiff kennengelernt hatte, hatten zusammen mit Heinz bei mir gebucht. Wie diese drei kamen auch Dimitri und Bärbel vom Bodensee. Sie kannten sich und waren bis auf Bärbel, die »nur« Dimitris Frau war, alle erfahrene Segler. Dazu würde sich noch Undine gesellen, die sich als alleinreisende Dame über meine Homepage angemeldet und mein Testgespräch bestanden hatte, das ich stets mit Neulingen führe. Sie war Witwe und mit ihren 50 Jahren eine recht attraktive sportliche Erscheinung, die mir bestens zu dem Rest der Truppe zu passen schien. Also ideale Voraussetzungen für ein paar angenehme gemeinsame Segeltage.

Da es die erste Belegung des Sommers war, flogen wir gemeinsam von Friedrichshafen nach Zadar und erreichten mithilfe eines Taxis die Marina Sukošan problemlos. Problemlos? Im Nachhinein betrachtet ist das nicht ganz korrekt, aber das nahm zu diesem Zeitpunkt noch keiner richtig wahr, denn da herrschte noch ungetrübte Urlaubsvorfreude. Sachlich richtig ist, dass die erste Panne noch vor dem Abflug stattfand.

Die Fluggesellschaft hatte 14 Tage vor unserem Abflug ein Flugzeug aus dem Verkehr gezogen, und unsere Route wurde deshalb von einer anderen Gesellschaft bedient. Zusammen mit unseren Tickets erhielten wir die Mitteilung, dass eine Verschiebung des Starts von 10.20 Uhr auf 14.20 Uhr notwendig werde, und erfuhren am Abflugtag, dass auch noch eine Zwischenlandung in Augsburg zwecks Aufnahme weiterer Passagiere erfolgen sollte. Wir tranken gemeinsam einen ersten Manöverschluck in der Abflughalle, amüsierten uns bei der Kontrolle, als man Undine ihr Taschenmesser – Marke Zweiter Weltkrieg, selbstrostend – abnahm, und kamen schließlich gut gelaunt am frühen Abend in der Marina an. Dass wir einen halben Tag verloren hatten und nun wegen der noch zu erledigenden Formalitäten und Einkäufe nicht mehr auslaufen konnten, betrachteten wir nicht als Panne, sondern nahmen es als Gegebenheit hin.

Unser zweiter Urlaubstag begann mit einem gemütlichen Frühstück an Bord. Wir plauderten von vergangenen Segeljahren, erzählten dem Neuling Undine Uraltwitze aus der Serie »Barawitzka«, das ist eine mehrbändige humoristische Pflichtlektüre für Segelvirusinfizierte, von vertauschten Tankstutzen mit Diesel im Wassertank, und ganz nebenbei wurden die Zuständigkeiten für das Wasserauffüllen, den Großeinkauf und die Bordkasse verteilt. Obwohl es erst neun Uhr war, zeigte das Thermometer schon 26 °C. Wir gedachten der Arbeitskollegen, die im kühlen deutschen Sommer sicher eine Jacke überziehen mussten, und freuten uns über den schönen Wind, der bald die Segel füllen sollte.

Andrea und Bärbel spülten das Geschirr, Undine und Heinz zogen mit der Einkaufsliste los, Dimitri füllte bereits den Wassertank, Horst klarte an Deck auf und machte sich mit der Funktionsweise der Fernbedienung für die Ankerwinde vertraut. Ich ließ mich am Kartentisch nieder, hörte die Wettermeldung, sortierte die Seekarten und steckte das Tagesziel ab. Im Hintergrund hörte ich die Damen plaudern. Während des Aufenthalts unter Deck hatten sie einen ziemlich starken Dieselgeruch wahrgenommen und teilten mir das nun mit. Doch ich war mit der Inspektion der Navigationsinstrumente beschäftigt, weshalb ich nur ein »Hmmm« in ihre Richtung brummte. Keine Alarmglocke schlug an.

Dann tauchte Dimitri neben mir auf, druckste rum und stammelte schließlich: »Du, Skipper, mir ist da was Saudummes passiert, der Diesel, ich hab' ...«

Die Damen fingen an zu lachen, und ich erklärte leichthin, dass uns Heinz den alten Witz schon beim Frühstück erzählt hätte. Plötzlich aber bemerkte ich Dimitris hochroten Kopf. Wie auf Kommando verstummte auch das Gelächter der Damen. Dieselgeruch in allen Ecken! Mein Innerstes sträubte sich noch, die Fakten zu begreifen, mein Reaktionsvermögen unterlag einer Lähmung, betretene Stille machte sich breit – und vor mir stand ein verstörter alter Segelhase.

Schon drang vom Vorschiff Horsts Ruf zu uns: »He, Leute, wieso riecht es denn so nach Diesel? Wo kommt der Gestank denn her?«

Der Ruf katapultierte mich in die Wirklichkeit. Sekunden später stierten acht Männeraugen auf den Tankstutzen am Heck – an dem es bis auf ein paar gelbliche Überlaufspuren natürlich nichts zu sehen gab.

»Ich weiß nicht wieso, ich kann's nicht erklären, ich habe an

Backbord den Tank aufgefüllt, und als der voll war, hab' ich einfach den Schlauch rübergezogen, mein Gott, der Dieseltank, ich weiß das doch, der alte Witz, ich könnt' ins Wasser versinken. Ich habe schon so viele Schiffe betankt, ich kann's nicht erklären ...«

Fassungslose Blicke durchbohrten Dimitri, seine Bärbel brach schließlich den Bann mit: »Wie kannst du nur!«

Umgehend ließen auch die anderen Dampf ab.

Mit dem Befehl, dass keiner den Motor starten dürfe, beendete ich die Reden und drückte Dimitri erst mal einen Lappen in die Hand, damit er die Dieselspuren vom Spiegel entfernte und um ihm die Chance zu geben, uns aus dem Weg zu gehen.

Lagebesprechung.

Der Tank musste leer gepumpt werden, da führte kein Weg dran vorbei. Andrea erläuterte den beiden Nichtseglerinnen die Auswirkungen und Folgen des Missgeschicks und versuchte, damit auch der spannungsgeladenen Stimmung entgegenzuwirken. Da wir noch in der Marina lagen, verhandelte ich mit ein paar Servicetechnikern, damit sie sich schließlich trotz des heiligen Sonntags mithilfe von Handpumpen und Kanistern unseres Problems annahmen.

Das Tank- und Leitungssystem befand sich unter meiner Kabine, weshalb ich erst mal Matratzen und Bodenbretter ausräumte, um alles zugänglich zu machen. Die Pumpaktion mittels Hand war mühsam und schien Ewigkeiten zu dauern, danach wurde der Diesel abgefiltert. Wir Männer halfen, wo wir konnten, Andrea nutzte die Zeit, den Damen schon mal ein paar Knoten beizubringen. Der Gestank schien in jede Pore unserer Haut zu dringen. Wir konnten kaum noch Luft holen, die Augen begannen zu brennen, und wie unsere Klamotten in den nächsten Tagen duften würden, darüber machte ich mir keine Illusionen. Dimitri schlich mit hängendem Kopf verstört umher, zahlte natürlich die Reparaturkosten samt Trinkgeld und Tankrechnung und murmelte in einem fort: »Ich weiß gar nicht, wieso, ich kann es nicht erklären ...«

Fünf Stunden später verließen wir endlich die Marina. Ein leichter achterlicher Wind schob uns von Sukošan gen Süden, und die Sonne strahlte vom wolkenlosen Himmel. Das Stimmungsbarometer an Bord hatte sich jedoch noch nicht erholt, jeder hing seinen Gedanken nach. Ich vertiefte mich in die Karte, um eine nahe gelegene Bucht für den Abend herauszusuchen. Das Wort »Diesel« wurde ohne Verabredung klammheimlich aus dem Wortschatz eines jeden zunächst verbannt.

Erst als wir endlich in der Bucht von Luka Hiljaca den Anker versenkt hatten und zum Vesper eine Flasche Rotwein killten, begann im Angesicht der untergehenden Sonne wieder so etwas wie Urlaubsstimmung aufzukommen. Der rot glühende Himmelsball wirkte beruhigend auf die Gemüter, und schließlich verschwand einer nach dem anderen in seiner Koje. Ich schleppte meine Matratze aufs Vorschiff, denn obwohl wir den ganzen Tag die Luken offen gehalten hatten, hing der Dieselgestank in den Kabinen fest. Sobald ich sie betrat, begannen meine Augen zu tränen, und es war unmöglich, dort zu schlafen. So rollte ich mich also in der Plicht in meinen Schlafsack und war froh über die laue Sommernacht, die mir diese Ausweichmöglichkeit bot. In meinen Träumen schwamm ich durch ein Meer mit bunten Ölkringeln an der Oberfläche und prostete Dimitri mit einem Weinglas voller Diesel zu.

Gegen sechs Uhr morgens riss mich Andrea aus meiner Traumwelt, als sie sich mit dem Fuß in einer Lasche meines Schlafsacks verfing. Sie sprang mit dem Fotoapparat auf Deck umher und wollte den Sonnenaufgang über der Bucht fotografieren. Dass sie dabei die ganze Truppe weckte, schien ihr gar nichts auszumachen. Sie schoss mehrere Fotos und kommentierte lautstark jeden Millimeter, den sich die Sonne aus dem Meer erhob. Ihre Begeisterung war echt und unüberhörbar. Natürlich wurde diese nicht von jedem an Bord geteilt, ziemlich verschlafen und ungeniert gähnend wollten die anderen ihr das beibringen mit der unmissverständlichen Ermahnung, das ja nicht jeden Tag zu wiederholen.

Getreu dem Sprichwort »Morgenstund' hat Gold im Mund« waren wir dank Andreas Fotoaktion früh startklar. Wegen der Flaute nahmen wir den Esso-Wind, also: Wir fuhren unter Motor und übergaben dem Autopiloten die Steuerung. So begann unser Törn gen Dubrovnik mit Dösen, einem frühen Sonnenbad und Freude an der Landschaft. Irgendwann wollte Bärbel in die Toilette, als sie bemerkte, dass die Tür verschlossen war – obwohl offensichtlich keiner von uns darin Platz genommen hatte. Ein blinder Passagier? Eingesperrt in unserem Klo? Aufs Schiff gekrabbelt, als wir in der kleinen Marina von Žut noch mal beim Einkaufen waren? Nach einem Blick durchs Seitenluk strichen wir die abenteuerliche Idee. Zwar war das Scheibchen ein wenig trüb, aber einen blinden Passagier gab es eindeutig nicht. Fakt war: Die Tür ließ sich nicht öffnen, schien aber von innen verriegelt zu sein. Das Wieso und Warum konnte nicht geklärt werden. Sicher aber war, dass unsere Waschutensilien sich alle drin befanden und wir die Tür also nicht unter dem Vermerk »Für den weiteren Törn geschlossen« abhaken konnten.

»Kleinigkeit, das haben wir gleich, lass mich mal ran«, sagte Horst, während er Werkzeug zusammensuchte, um die Blende des Türschlosses abzuschrauben.

Doch der Aha-Effekt blieb aus, denn das dahinter vermutete Vierkant, welches Horst mittels Zange zu bewegen gedachte, gab es an diesem Patentschloss nicht. Bärbel, eine begeisterte Krimizuschauerin, versuchte, in Ganovenmanier mithilfe einer abgelaufenen Scheckkarte das Schloss zu öffnen. Ebenfalls ergebnislos. Nachdem sie sich zwei Fingernägel abgebrochen und ein Messer aus dem abgezählten Charteryachtinventar geschrottet hatte, inspizierte Horst zusammen mit Dimitri die zweite Toilettentür im Vorschiff, um sich über Bau und Funktionsweise ein Bild zu machen. Der Bart des Schlosses arbeitete als gegenläufiger Dreizack. Eine Toilettentür auf einer Bavaria 44: sicher wie ein Safe!

Während Undine und Andrea darüber diskutierten, wie furchtbar so was sei, weil sich da mal ein Kind einsperren könnte, probierten die Männer alle möglichen Tricks, um die Tür zu öffnen. Inzwischen hatten sie diese ein bisschen angehoben, um mittels einer unter der Tür durchgeschobenen Drahtschlinge den Griff zu erreichen, der senkrecht nach oben stand. Gelänge es, die Schlinge über den Griff zu ziehen und dann den Draht seitlich an der Tür entlangzuführen, könnte man über die Hebelwirkung der Klinke die Tür entsprechend ihrer Mechanik wieder entriegeln.

Da wir mittlerweile auf die enge Passage von Mala Proversa zusteuerten, wo viele Felsvorsprünge ins Wasser ragen und die

Seekarte zahllose Untiefen anzeigt, übernahm ich das Steuer und klinkte mich geistig aus der »Aktion Klotür« aus. Das Einzige, was ich registrierte, war, dass sich die Besatzungen entgegenkommender Boote nach uns die Köpfe verrenkten.

Einer schrie sogar zu uns herüber: »He, was spielt ihr denn da?«

Für Zuschauer waren wir auf der Durchfahrtsstrecke wohl die Belustigung des Tages: Bärbel hatte sich kniend mit dem Hinterteil nach oben zwischen Reling und Deck verkeilt und beobachtete durch das kleine Fensterchen die Bewegungen der Drahtschlinge im Innenraum der Toilette. Dazu erteilte sie lautstark ihre Kommandos.

»Mehr rechts – mehr nach oben – ja, ja, jetzt – nein, wieder bisschen tiefer – ja, ja, gleich passt's!«

Undine stand im Niedergang und wiederholte nicht minder laut die Anweisungen für die Drahthakler an der Tür. Welche Gedanken sich die wegen der engen Passage dicht vorbeifahrenden Crews auf den anderen Booten über die Geschehnisse bei uns unter Deck machten – wir werden es nie erfahren. Immerhin gelang es uns noch vor Einbruch der Dunkelheit, unsere Zahnbürsten und Handtücher aus ihrem Gefängnis zu befreien und wieder zur Benutzung freizugeben. Bei meinen abendlichen Logbucheinträgen habe ich unter »Besonderheiten« vermerkt: »12.30 bis 15.30 Uhr: Manöver Klotür, 4 Personen 3 Stunden beschäftigt, Bordhygiene gerettet.«

Am nächsten Morgen wehte ein gleichmäßiger Südost, und wir segelten bis Hvar, wo wir einen kleinen Stopp zwecks Stadtbesichtigung einlegten. Heinz nörgelte ein wenig herum, dass es Unsinn wäre, die Stadt zu besichtigen, während so ein schönes

Windchen wehe, doch er wurde schnell überstimmt, nachdem der Ort in Sichtweite gekommen war.

Während wir auf dem Markt unsere Obst- und Gemüsevorräte ergänzten, ging ein warmer Regen nieder, der augenblicklich eine treibhausartige Schwüle über den Ort legte, die kaum zu ertragen war. Das aufgeheizte Pflaster und die Häuser verdampften jeden Tropfen im Nu, die Klamotten klebten am Leib und gönnten uns Männern ein paar nette Anblicke bei der Damenwelt.

Ob der Gewitterguss wohl die Panne des heutigen Tages war, fragte Undine, als wir ein kleines Vesper zu uns nahmen. Schließlich seien doch aller guten (oder schlechten) Dinge drei, und nach dem Diesel und der Toilettentür ...

Ich widersprach ihr, dass das Wetter naturgegeben und im Gegensatz zu den anderen Geschehnissen keinesfalls als Panne zu bezeichnen sei. Während wir noch diskutierten, segelten wir weiter Kurs Südwest und beobachteten hinter uns eine schwarze Wand, die sich drohend aufbaute. Wir verfolgten das Naturschauspiel wie einen spannenden Film und waren auch nicht beunruhigt, als sich der Wolkenvorhang schloss und Blitze zuckten. Die Wand lag nördlich hinter uns, der Wind kam aus Südost, also kein Anlass zur Sorge. Andrea fotografierte, was das Zeug hielt, bannte eine Virga, das ist eine dicke schwarze Wolke mit gut sichtbaren Niederschlagsstreifen, auf die Linse und behielt durch ihre Knipserei die Himmelsfelder im Blick. Schließlich holte sie ohne weitere Ansage ihr Ölzeug und versorgte auch unsere beiden Landratten mit entsprechender Ausrüstung. Ich wies auf das gleichbleibende Barometer hin und sah, dass sie auch von den anderen Seemännern belächelt wurde; doch Andrea meinte, sie kenne solche Wetterbilder vom Bodensee, und Vorsicht sei die Mutter der Porzellankiste. Bodenseewetter mit adriatischem Klima zu vergleichen – Frauen und segeln!

Zehn Minuten später erfassten uns heftige Böen, schlagartig hatte der Wind gedreht, Regen setzte ein, und sofort bauten sich hohe Wellenberge um uns auf. Bedeutungsvoll grinsend übernahm Andrea das Steuer, während wir Männer in hektischer Eile unser Ölzeug zusammensuchten. Männer sollten eben öfter mal auf Frauen hören, lästerte Andrea.

Ich rechtfertigte mich damit, dass Radio Split lediglich von starker Bewölkung und in der Nacht durchziehenden Gewitterfeldern gesprochen hatte und das Barometer wohl defekt sei, war aber trotzdem froh, dass die Damen bereits versorgt waren. Wir ritten die »Bewölkung« aus, die in dicken Schwaden vermischt mit Graupelschauern eine gute Stunde lang auf uns niederprasselte. Aber ich weigere mich auch heute noch, das Gewitter zu den Pannen zu zählen. Skrivena Luka unterhalb des Leuchtturms Struga kam mir als geschütztes Nachtquartier passend vor, wo wir dann bei 14 °C vor dem Berghang in einer der zwei Konobas, also einer kleinen Hüttenwirtschaft, auf der Terrasse im Ölzeug dinierten. Einen Sommerabend in der Adria mitten im August hatten wir uns anders vorgestellt.

Am nächsten Morgen, als wir unseren Ruheplatz verlassen und wieder der offenen Adria entgegensteuern wollten, ereilte uns die nächste Panne. Mein geschultes Ohr nahm einen Missklang bei den Motorgeräuschen wahr, und nach dem erfolgten Funkspruch »Ohr an Großhirn« wanderte mein Kontrollblick sofort über die Reling zum Auspuffrohr. Nur sehr unrhythmisch wurde das Kühlwasser ausgespuckt, und unter Deck spürte man schon die zunehmende Wärme im Motorblock.

»Maschine stopp!«, war das folgerichtige Kommando.

Hilfsbereit, mitdenkend und wieder einmal schnell reagierend kramte unsere »Miss Bodenseepatent« in den Backskisten und holte die Paddel heraus. Erst als sie an der Reling stand und das Paddel seitlich eintauchen wollte, erfasste auch sie den Unterschied zwischen einem Dickschiff, wie wir das hier hatten, und einer kleinen, wassernahen, mit Muskelkraft gut lenkbaren Jolle. Wieder was fürs Leben gelernt! Ich wollte gerade den Anker klarmachen, bevor ich weitere Manöver einleitete, als der Wirt, bei dem wir am Vorabend gespeist hatten, mit seinem Fischerboot bei uns längsseits ging. Er war auf Einkaufstour über die Bucht unterwegs und hatte unser Problem erkannt. Wie ein Lotse nahm er uns in Schlepp und brachte uns zum Steg zurück.

Das Pannenteam trat erneut in Aktion und legte den Motorblock frei. Ich untersuchte zunächst alle Zu- und Ableitungen des Kühlwassersystems, fand im Filter eine restlos zerfaserte Plastiktüte und glaubte, die Störung schnell beheben zu können. Der Probelauf des Motors belehrte mich eines Besseren. Tauchend untersuchte ich die Borddurchbrüche, konnte aber nichts Verdächtiges finden. Im gesamten Motorbereich waren keinerlei Verstopfungsursachen identifizierbar, doch das verflixte Kühlwasser wollte nicht fließen. Also griff ich in die Trickkiste. Mithilfe der handelsüblichen Fünf-Liter-Wasserflaschen, die wir über die Leitungen stülpten und dann zusammenpressten, improvisierten wir eine Druckspülung aller Leitungen. Der Motor bockte weiter. Aus der Tiefe meiner stets vorsorglich mitgeführten Ersatzteiltasche holte ich schließlich einen neuen Impeller heraus und wechselte den alten aus. Und obwohl der ausgebaute Impeller keinerlei Abnutzungserscheinungen zeigte und auch der kleine Federring völlig intakt war, arbeitete der Motor danach fehlerfrei und spuckte sein Kühlwasser regelmäßig ins Meer zurück. Na, geht doch!

Zeitverlust: vier Stunden. Ursache: ungeklärt. Und während wir über die Gründe unserer dritten Panne debattierten, verließen wir im zweiten Anlauf gegen 14 Uhr die Bucht. Nur der Vollständigkeit halber sei erwähnt, dass gegen 17 Uhr wieder eine Regenfront mit Schneematsch und Graupel über uns herfiel. Die Sichtweite sank auf etwa eine halbe Seemeile, der Wind pendelte sich bei 30 Knoten ein, und ich wünschte mir eine Brille mit Scheibenwischern. Froh war ich, alle Kurszahlen in exakter Reihenfolge auf meinem kleinen Spickzettel in der Hosentasche zu haben, denn Kartentischarbeit wäre zu diesem Zeitpunkt unmöglich gewesen. Real waren klamme Finger, Handtücher im Kragen und Gedanken an Untiefen, zerkratzte Schwerter und Schlimmeres: Traumwetter für einen Actionfilm über Schiffskatastrophen!

Erst gegen Abend ließ das Unwetter nach, wir arbeiteten gegenan bis zur Bucht Okuklje auf Mljet, um dort zu nächtigen. Es war zwar keiner seekrank geworden, doch ein wenig genervt waren wir alle, eine solche Kälte hatten wir im August nicht erwartet. Allgemeines Trockenlegen, dann beruhigten eine Schüssel mit dampfenden Spaghetti und Rotwein die Gemüter. Während wir auf besseres Wetter hofften, schaukelte uns die Bora, so heißt der trockene, kalte und böige Fallwind an der kroatischen Adriaküste, in den Schlaf. Wie wir später erfuhren waren in Rab, Senj und Pula für zwei Tage sogar die Fährverbindungen zu den Inseln eingestellt worden.

Drei Pannen, jetzt kann es nur noch besser werden, war die allgemeine Meinung während des Frühstücks am nächsten Tag. Wir badeten und schnorchelten in der Bucht und lichteten schließlich fröhlich den Anker. Die Bora hatte an Kraft verloren, sie wehte gleichmäßiger, und wir segelten unter unserer Genua mit sieben bis acht Knoten dahin. Delfine begleiteten uns ein Stück, und die Fotoapparate klickten wieder. Portemonnaie-Horst, der ein bisschen zu übermütig am Steuerrad spielte, verlor plötzlich in einer Bö die Kontrolle über das Ruder. Die Yacht drehte sich ruckartig in den Wind und legte sich auf die Seite, wobei jede Menge Wasser über Deck spülte und sogar der Großbaum ins Wasser tauchte. Bärbel erbleichte, aber instinktiv hatten sich alle rechtzeitig irgendwo festgekrallt, und da das Aufrichtmoment unserer Yacht sofort einsetzte und ich ebenso spontan reagierte und beherzt ins Ruder griff, war bald alles wieder klar an Deck. Bis auf nasse Schuhe und Hosenbeine war alles okay, und wir setzten unseren Kurs fort. Von dieser Sondereinlage wenig beeindruckt, geschweige denn verängstigt, übernahm Heinz das Ruder und zeigte sein seglerisches Können. Als wir die Genua reffen wollten, ließ er die Schot ausrauschen, und das Tuch knallte uns minutenlang um die Ohren. Nur wer nichts tut, macht keine Fehler! Nachdem wir auch dieses Negativmanöver korrigiert hatten, erreichten wir ohne weitere Zwischenfälle Dubrovnik.

Doch der nächste Ärger lauerte schon an der Kaimauer im Stadthafen von Gruž. Ein einheimischer Skipper wollte offensichtlich für einen Kollegen den letzten Liegeplatz reservieren und uns partout nicht anlegen lassen. Er schimpfte und gestikulierte heftig und versuchte, unsere Leinen wieder vom Poller zu lösen, bis auch wir unsere Stimmen erhoben.

»Wer zuerst kommt ...«, mit Nachdruck verzurrten wir unsere Leinen, bis das wütende Männlein schließlich aufgab.

Landgang. Mit dem Bus fuhren wir in die historische Altstadt, wo sich Menschenmassen in den Gassen drängten. Es war der 5. August, die Kroaten feierten den Jahrestag ihrer Unabhängigkeit, weshalb zusätzlich zu all den Touris auch die Einheimischen mit Kind und Kegel unterwegs waren. Am Stadttor begrüßten uns Wachposten in historischen Kostümen, Musik- und Tanzgruppen zogen umher. Um die Franziskanerkirche scharte sich die Jugend, übte auf einem Mauervorsprung der Kirchenwand »Steinstehen« und hatte viel Spaß, denn beim Steinstehen springt man mit Anlauf auf einen aus der Mauer ragenden Vorsprung und muss dann, ohne die Arme zu benutzen oder mit dem Körper die Mauer zu berühren, versuchen, den eigenen Schwung abzufangen und auf dem Mauervorsprung so lange wie möglich das Gleichgewicht zu halten und stehen zu bleiben – Gewinner ist, wer am längsten darauf steht. Erhaben und majestätisch wirkten die von unzähligen Lampen und Strahlern beleuchteten historischen Mauern, auf denen die kroatischen Flaggen wehten. Auf der breiten Flaniermeile zwischen Onofrio-Brunnen und Luzia-Platz wogte der Besucherstrom hin und her, ein Schmelztopf vieler Nationen in Feiertagsstimmung. Nach drei Tagen Bora-Geschaukel und mehreren Gewittergüssen waren wir jedoch zu erschöpft, um Spaß daran zu haben. Wir verholten uns ins Fressgässchen, verschanzten uns hinter Tellern und Weingläsern, speisten ausgiebig, beobachteten das bunte Treiben und fuhren dann mit dem Taxi zum Hafen zurück.

Der nächste Tag stand meinen Chartergästen zur freien Verfügung, Sightseeing und Shoppen waren angesagt. Ich war bei vergangenen Törns schon mehrfach auf der Stadtmauer sowohl rechts- wie auch linksrum gelaufen und wartete deshalb nur auf den Moment, dass die Bande endlich das Schiff verließ und ich mich ungestört dem süßen Nichtstun und der Erholung hingeben konnte. Meine Gedanken kreisten um den verstopften Filter, die Klotür und die laut Jahresstatistik 20-prozentige Chance, eine Bora im August zu erleben. Auch Heinz, der mir immer gern widersprach, brachte mich mehr als gewöhnlich auf die Palme.

Am späten Nachmittag kam meine Crew beladen mit Einkaufstaschen und voller Begeisterung über das schöne Dubrovnik zurück. Alle machten wieder einen ausgeglichenen Eindruck, und voller Tatendrang legten wir die Route für die nächsten Tage fest. Die Wassertanks wurden gefüllt, und als der Diesel dran war, wagte man sogar erste Witzchen, die Dimitri gelassen über sich ergehen ließ. In einer Straßenkneipe mit weinlaubumrankter Terrasse in der Nähe der Marina nahmen wir unser Vesper ein, zogen später in eine Bar weiter und beendeten den Tag erst in den Morgenstunden.

Das nächste Tagesziel hieß Korčula. Törnmitte! Es galt, sich wieder Richtung Ausgangsort zu bewegen. In der nördlichen Adria waren wieder Gewitter vorhergesagt, doch vorerst genossen wir flottes Segeln. Eine Delfingruppe begleitete uns ein Stück, dann legten wir einen Badestopp ein, bei dem Andrea ihre kreativen Küchenkünste auslebte und Mousse au Chocolat mit frischen Früchten und Vanillesoße zauberte. So schön kann segeln sein! Gegen 17 Uhr erreichten wir Korčula. Da erst drei Boote im Hafen lagen, war diesmal die Liegeplatzsuche kein Problem. Im Marinehafen auf der anderen Seite des Inselstädtchens lagen zwei große Kreuzfahrtschiffe vor Anker, und die Tenderboote schaufelten im Viertelstundentakt die Touristen an Land. Ein roter Teppich und zwei Plastikpalmen wiesen den Pauschalreisenden den Weg über die Anlegestege in den Ort, und die durchnummerierten Aufkleber an ihren Kleidungsstücken kennzeichneten sie als Passagiere der AIDA. Ein Vergleich mit den Schweizer Almkühen mit den Nummern im Ohr drängte sich auf – das Melken würden die Einheimischen in den Restaurants und an den Souvenirständen übernehmen. Codierte Nummernschilder auf der Privatkleidung als Sicherheitsstandard gegen globalen Terrorismus! Denn wer an Bord zurückkehrt, wird genau registriert und auf einer Liste abgehakt, damit sich kein Fremder mit möglicherweise bösen Absichten unter die Passagiere mischen und an Bord schmuggeln kann.

Der Abend war lau, und die Gassen waren von Urlaubern überfüllt, weshalb wir in Betracht zogen, wieder auszulaufen und noch während dieser Nacht einen Schlag zu segeln. Da erinnerte sich Heinz plötzlich seiner katholischen Glaubensausrichtung und wollte unbedingt in die Kirche zur Abendandacht. Lautstark protestierte er gegen unseren Nachtschlag. Er, der uns tagelang vom Sternenhimmel und von nächtlichem Dahinsegeln vorgeschwärmt hatte, behauptete nun entrüstet, er hätte sich in seinem Seglerleben schon genug Nächte um die Ohren schlagen müssen und würde auch keine Nachtwache übernehmen, falls wir unsere Pläne durchzögen. Horst baggerte seit Dubrovnik kräftig an Undine herum, weshalb sich seine Prioritäten hinsichtlich des Segelns ebenfalls verschoben hatten. Er schloss Undine gleich in seine Argumentation mit ein und sprach sich für eine ruhige Nacht im Hafen aus, eventuell mit einem Barbesuch.

Undine sagte, dass für sie Bars und Tanz im Urlaub eigentlich dazugehören. Sie genoss die Aufmerksamkeit von Horst und war, seitdem er ihr zuliebe einem Straßenhändler den Wunsch »Du wolle Rose kaufen« erfüllt hatte, ohnehin ein bisschen jenseits der Realität. Dimitri und Bärbel waren gewillt, sich der Mehrheit anzuschließen, und auch Andrea, die ich eigentlich als Fan von Nachtfahrten kannte, zeigte plötzlich keine Lust mehr. Wo war die segelbegeisterte, vor Seemannschaft strotzende Bodenseecrew geblieben? Untergetaucht im Trubel von Marktständen, Schnickschnackläden und Straßenmusikanten, gefangen von bunten Glühbirnchen in Straßencafés und Bars! Da stand ich nun, das Los eines buchbaren und käuflichen Skippers verfluchend. Ob der mondlosen, rabenschwarzen Nacht und der vielen Strahler und Lampen rund um die alte Stadtmauer in Korčula hatte keiner von uns am Himmel die Vorzeichen eines Wetterumschwungs wahrgenommen. Im Süden sah ich einmal ein paar Blitze zucken, doch der schwache Westwind ließ lediglich ab und zu die Kerze neben meinem Weinglas flackern, und ich gönnte mir sorglos ein Schlückchen. Urlaub war befohlen!

Die Kirchturmuhr schlug gerade zur elften Stunde, da krachte ein heftiger Donner über die Bucht und zerbrach jede romantische Stimmung. Sonnenschirme, Servietten und Gläser der Restaurants wurden von den hereinbrechenden Gewitterböen durcheinandergewirbelt. Die Menschen versuchten, sich vor den augenblicklich niederstürzenden Wassermassen in Sicherheit zu bringen. Alle rannten durcheinander und waren im Nu patschnass.

Aus den verwinkelten Gassen des Ortes kamen meine Landgänger angejagt, tropfnass und um Luft ringend trafen alle fast gleichzeitig am Boot ein. Wir sprangen ins Ölzeug, verbannten Undine und Bärbel nach unten, alle anderen Hände griffen zu, wo es nötig war. Funktionierende Seemannschaft! Im Hafen um uns rum herrschte Hektik, auch die anderen Yachties standen auf ihren Booten, die Diesel tuckerten in Bereitschaft. Der stürmische Nordwind stand voll in die Bucht, und die Ankerketten wurden einer starken Belastungsprobe unterzogen. Ein kleiner Ausflugsdampfer versuchte, sich in Sicherheit zu bringen und schmiss in aller Eile seinen Anker in die Bucht. Schließlich lag er quer zu den Wellen und schwoite vor den im Hafen schaukelnden Booten umher. Seine Ankertaue spannten sich vor den Hafenliegern, als der Skipper die Leinen noch ein wenig eindampfte. Dabei musste er wohl unsere Kette unglücklich ein Stück mitgezogen haben, denn plötzlich slippte unser Anker. Wir hielten unter Motor dagegen, arbeiteten mit Fendern und Zusatzsprings. Alles glitschte. Und was wir zu diesem Zeitpunkt nicht ahnten: Leider drang die Nässe auch in die elektronische Fernbedienung unserer Ankerwinsch ein, die im Ankerkasten lag.

Dimitri und Horst beobachteten vom Bug aus, so gut es ging, das wilde Wellenspiel um die Ankerkette. Mittschiffs am Mast trotzte Andrea dem Regen und gab die Kommandos weiter, die ihr der Wind von den Lippen riss. Während Undine begriffen hatte, dass in solchen Momenten jeder »Unwissende« nur im

Weg stand und sich tunlichst verkrümelte, wollte Bärbel sich nützlich machen. Doch die von ihr gereichten Handtücher konnte momentan keiner brauchen, und leider war auch ihre Standfestigkeit auf Schiffen noch nicht allzu weit entwickelt. Mit etwas barschem Ton von ihrem lieben Mann wieder unter Deck geschickt, rutschte sie im Niedergang ab, purzelte die Treppe hinunter und fiel zwischen Küchenzeile und Sitzbank auf den Rücken. So fand auch Undine ihre Aufgabe: Schocktherapie und Erste Hilfe. Zum Glück schien nichts gebrochen, erst ein Jahr später stellte sich heraus, dass bei dem Sturz zwei Sehnen in der Schulter gerissen waren, die operiert werden mussten. An Deck rackerten wir uns ab, um den Anker ein wenig einzuholen. Wir hatten viel Kette gesetzt und hofften, er würde neu fassen. Da schoss ein Lichtblitz aus der Fernbedienung, und der Motor spulte den Anker hoch. Obwohl der Sturm heulte und jaulte, übertrumpfte das Geräusch, das der Anker verursachte, das Heulen um einiges. Vielleicht war es auch die Gefahr, die mir alles an Bord so überlaut erscheinen ließ – jeden Moment konnte der Anker aus dem Wasser auftauchen und unseren Bug zertrümmern.

Ich reagierte instinktiv, sprang den Niedergang hinunter, legte den Sicherungshauptschalter um und bereitete dem Spuk ein Ende. Dann hoben wir die Kette von der Ankerwinde, der Anker platschte ins Wasser zurück und war somit für uns nutzlos. Ich schickte Heinz und Dimitri mit dem Ersatzanker im Beiboot los. Während sie sich mit dem Schlauchboot durch den Hafen kämpften, um eine geeignete Stelle für den Anker zu finden, legte ich weitere Zusatzsprings. Dann suchte ich in den Schiffspapieren nach den Schaltplänen der Elektrik. Doch im

Auf und Nieder des gautschenden Schiffes bei der spärlichen Beleuchtung von Tee- und Knicklichtern waren Arbeiten an frei-schwebenden Kabeln innerhalb der Wandverkleidungsschächte schlichtweg unmöglich. Das Problem musste warten, wir war-teten mit.

Gegen fünf schaltete Wettergott Rasmus auf normal zurück, und es begann das allgemeine Trockenlegen, ehe wir uns eine Mütze voll Schlaf gönnen wollten und in die Kojen krochen. Das gefallene Bärbelchen übernahm zwecks Beruhigung ihres Gewissens und innerer Rehabilitation freiwillig die Bordwache. Im Nachhinein fragte ich mich, ob die Meuterei hinsichtlich des Nachtschlags unser Glück war. Oder wären wir auf offener See sicherer gewesen?

Am nächsten Morgen kontrollierte ich systematisch die Bord-elektrik, erinnerte mich an den Lichtblitz und entdeckte den Defekt in der Fernbedienung. Die kleine Leiterplatte im Inneren war total verschmort, offensichtlich hatte die eingedrungene Feuch-tigkeit eine Induktionsspannung verursacht und die Schaltstufen überbrückt. Sobald Strom draufkam, drehte sich die Ankerwinde nach oben, abwärts ging gar nichts. Ich machte mich mit dem Teil auf Werkstattsuche und wurde in der Marina fündig. Der Monteur sprach sogar ein wenig Deutsch und nahm sich meines Problems an. Er lötete und bastelte und drückte mir dann mit den Worten »passt gut« die Fernbedienung wieder in die Hand.

Während meine Crew ein paar unfreiwillige Wellnessstunden mit duschen, Eis essen und shoppen genoss, probierte ich in der Mittagshitze den Anker aus. Ernüchterung trat ein, als die Ankerwinsch sich nun zwar abwärts, aber nicht mehr aufwärts drehte. Den Vorschlag von Heinz, die Technik zu vergessen, einfach abzulegen und den Anker künftig per Hand zu bedienen, wollte ich nicht akzeptieren, sondern entschloss mich, das Schiff in den Marinahafen zu verlegen und die Werkstatt noch einmal aufzusuchen. Schließlich hatte ich die Reparatur ja bezahlt!

Nach der Siesta nahm sich der Meister erneut unseres Problems an. Das Reparieren war eher ein Probieren, denn er verlötete die einzelnen Schaltstellen der Fernbedienung systematisch untereinander und schloss sie zwischendurch immer wieder an in der Hoffnung, die richtigen Pole der Schaltung getroffen zu haben. Löten. Anschließen. Anker rauf. Anker runter. Cleverness bewies Andrea. Sie nutzte die Zeit, die der Chef bei uns an Bord verbrachte, indem sie kurzerhand den Heißschneider in seiner Werkstatt »auslieh«, um ein paar vom Sturm zerfetzte Leinen zu verschweißen. Mit seiner Methode nach Versuch und Irrtum brachte es unser Schiffsmechaniker irgendwann tatsächlich fertig, dass alle Funktionen an der Fernbedienung wieder entsprechend der Symbolleiste auf der Tastatur funktionierten. Ich gab ein gutes Trinkgeld. Beim Kommando »Leinen los« kam noch eiligst der Hafenmeister der Marina angespurtet, doch unser Englisch reichte leider nicht aus, um zu verstehen, dass er für die Liegezeit vor der Werkstatt eine Gebühr verlangte. So winkten wir ihm fröhlich zu, während wir langsam die Hafeneinfahrt von Korčula verließen.

Über der Reparatur war der Tag vergangen. Der Wetterbericht meldete immer noch Gewitterneigung mit Starkwindfeldern für die gesamte mittlere Adria, sodass ich beschloss, nur noch in die dreieinhalb Seemeilen entfernte Bucht von Lumbarda zu segeln, um dort zu übernachten. Kaum angekommen, legten wir eine

Schwimmstunde ein, dann machten wir das Beiboot fertig und setzten an Land über, um zum Essen zu gehen. Beinahe wäre das der Zeitpunkt für Panne Nummer fünf gewesen: Fassungslos beobachteten wir vom Restaurant aus, wie sich ein kleines Boot langsam unserem Schiff näherte, es umkreiste und dann längsseits gehen wollte. Wir hätten keine Chance gehabt, rechtzeitig zurück an Bord zu sein, um die Bösewichter zu vertreiben. Zu unserem Glück waren aber Bärbel und Dimitri aus Gründen der Zweisamkeit an Bord geblieben. Erleichtert sahen wir, wie die Möchtegernpiraten abschwenkten, als die beiden an Deck auftauchten. Da hatten wir ja richtig Glück gehabt!

Das Glück blieb uns auch treu, als gegen vier Uhr morgens erneut ein Gewitter die Adria aufwühlte. Horst und Andrea hatten an Deck geschlafen und beobachteten, wie eine Dufour und eine Sun Beam offensichtlich wegen ausgerissenen Ankern die flache Bucht schleunigst unter Motor verließen. Unser Anker hielt, am zehnten Tag unseres Törns wurden wir also von weiteren »besonderen Ereignissen« verschont. Dafür schafften wir nur drei Seemeilen unter Segeln, dann schlief der Wind ein. Auf unserem Kurs nach Norden rundeten wir das Nordwestkap von Pelješac sowie Kap Lovišće, gegen Mittag motorten wir am Leuchtturm von Sućuraj vorbei, wo uns die AIDA CARA überholte. Ob der Windstille frönten wir alle der Untätigkeit, und auch ich hatte nicht das Gefühl, mich durch die Kurseingaben am Autopiloten zu überarbeiten. Zum vierten Mal auf diesem Törn sichteten wir Delfine. Gegen 16 Uhr erreichten wir unser Ziel Vbroska. Auf der Terrasse der sehr zu empfehlenden Pizzeria »Skonc«, mit freiem Blick über das Hafenareal, beendeten wir den Tag mit einem üppigen Mahl und ein paar Gläschen Wein.

Auch am nächsten Tag geschah nichts Ungewöhnliches. Die Windverhältnisse zwangen uns zu weiteren 40 Seemeilen unter Motor und gönnten uns nur neun Seemeilen lahmes Segeln, was die Statistik in meinem Logbuch und die Gemüter schwer belastete. Gegen 18.30 Uhr erreichten wir Primošten, wo offensichtlich 80 Prozent aller Adriasegler an diesem Tag übernachten wollten. Natürlich waren die Bojen belegt. Vor der südlichen Uferzone lag eine Flottille mit etwa 25 Booten, und auch sonst ging's in der Bucht zu wie auf einem schwimmenden fernöstlichen Markt. Also wählten wir einen kleinen nördlichen Auslegerarm als Ankerplatz. Hier lagen außer einer kroatischen Yacht nur die privaten Fischerboote. Buganker runter, Landleine ans Heck, gedacht und getan, doch es funktionierte nicht wie geplant. Der Anker fand auch nach dem zweiten Versuch keinen Halt. Die Kroaten hatten schon längst auf ihrem Schiff Platz genommen und beobachteten unser Treiben wie eine gebührenfreie Fernsehshow, als sich unser Anker beim dritten Versuch im Hafenbeckenmüll verfing. Es war so viel Spannung auf der Kette, dass zunächst gar nichts mehr ging. Ich schickte Andrea auf Tauchgang, und nach ihrem Bericht stellten sich mir die Nackenhaare auf. Auf dem Grund der Bucht hatte sie nicht nur Schrott und Leinen kreuz und quer liegen sehen, sondern auch ein paar merkwürdige Teile, die ihrer Meinung nach alten Minen oder Bomben stark glichen. In Kenntnis der jüngsten Geschichte dieser Gegend war mir klar, dass wirklich Gefahr in Verzug war, vielleicht hatten wir schon so ein Ding am Haken? Panne Nummer fünf – die letzte unseres Lebens?

Ich agierte in Schleichfahrt, vorsichtig ließen wir den Anker auf und nieder, um ihn flottzubekommen. Keine Chance.

Dann wurde es dunkel, und eine Lösung musste her, wenn wir nicht die ganze Nacht um irgendwelche Grundleinen schwoien wollten. Schließlich gelang es mir, durch vorsichtiges Manövrieren den Anker bis auf einen Meter unter die Wasseroberfläche hochzuziehen. Vom Beiboot aus versuchten Dimitri und Horst, einige Leinen aus dem Knäuel rund um den Anker durchzuschneiden. Alles stand furchtbar unter Zug, sie arbeiteten über Kopf und halb unter Wasser und mussten aufpassen, dass sie sich nicht am Muschelbesatz der alten Leinen die Hände aufschnitten. Trotz aller Mühe war es unmöglich, alles zu entwirren. Inzwischen waren um uns herum die Topplichter gesetzt, zwei weitere Schiffe liefen ein und ankerten problemlos, was sehr an meiner Ehre kratzte, denn wir werkelten noch immer am Ankergeschirr. Im Schein der Taschenlampen schäkelte Horst nun den Anker ab, während Dimitri ihn mit Hilfsleinen sicherte und das Beiboot im Gleichgewicht hielt. Den kritischen Moment, als der große Knäuel samt einem darin verschlungenen Kanister ins Wasser zurückschnippte und der Anker ins Schlauchboot plumpste, meisterten sie mit viel Geschicklichkeit und dem gewissen Quäntchen Glück. Durchaus wohlüberlegt hatten sie eine der Leinen einbehalten, die wir nun als Muring nutzten – und siehe da, nach gut zweieinhalb Stunden hatten wir endlich Erfolg! Doch der Gedanke an unseren möglicherweise bombigen Untergrund war sehr beunruhigend. Bis alles wieder gereinigt und aufgeklart war, verging eine weitere Stunde. Wir gönnten uns eine Ortserkundung bei Nacht, doch in den schwach beleuchteten nächtlichen Gassen gab es nichts mehr zu sehen. Trotzdem wanderten wir den Hügel hinauf bis zum Friedhof, der im Reiseführer als »sehr sehenswert« beschrieben wurde. Bei unserem

Eintreffen schlug es zwölf. Geisterstunde! Doch die Einzigen, die herumgeisterten, waren wir und traten deshalb den Rückzug an.

Die Panne, die der nächste Tag für uns bereithielt, war eher »personeller Art« und ereignete sich am Morgen beim Ablegen. Andrea, unsere Wasserratte vom Dienst, schwamm zum Ufer, um die Landleine zu lösen. Mit einem Fuß auf den spitzen Felskanten balancierend, wollte sie ihr Körpergewicht von einem auf den anderen Fuß verlagern, um die Leine zu entlasten und den Palstek lösen zu können. Im selben Moment fiel unserer stets hilfsbereiten, aber eben seglerisch unerfahrenen Bärbel ein, die Leine von der Klampe zu lösen in der guten Absicht, Andrea drüben die Arbeit zu erleichtern. Auf so viel gut gemeinte Hilfe war diese aber nicht vorbereitet. Ihr Fuß tappte durch die gelockerte Leine ins Leere, sie verlor das Gleichgewicht, prallte mit der Schulter gegen den Baum und zerkratzte sich an der groben Rinde den Rücken. Mit dem anderen Fuß rutschte sie zwischen die Steine in eine kleine Felsspalte. Auf ihrem Oberschenkel hinterließen Steinzacken diverse Einschnitte und malerische Abdrücke. Sie knickte seitlich weg, und noch bevor sie sich abfangen konnte, bohrten sich dicht über ihrem Knöchel einige Seeigelstacheln in ihr Fleisch. Hart im Nehmen und Kummer gewöhnt, entfernte Andrea die Stacheln noch an Ort und Stelle, löste den Knoten und kam tapfer zurückgeschwommen. Bärbel, welche die Folgen ihres Tuns aus der Ferne beobachtet hatte, war die Sache sehr peinlich, und sie stammelte Entschuldigung nach Entschuldigung, und so gab es trotz des verstauchten Knöchels und der blutigen Kratzer auf dem Rücken kein böses Wort. Mir als Skipper oblag die medizinische Versorgung der kleinen Wunden: Desinfektionsmaßnahmen am Rücken, im Oberschenkel- und Gesäßbereich, ergänzt mit massierenden Bewegungen, die ich sehr genoss.

Doch ich will von diesem denkwürdigen Törn weiter der Reihe nach berichten und auch die Crewkrise nicht auslassen, die uns am nächsten Tag überfiel. Bei uns fing es nämlich zu menscheln an, als wir wegen der schwachen Winde unter permanentem Motorgetucker Richtung Šibenik schipperten. Geplantes Tagesziel war Skradin, um die Krka-Wasserfälle zu besuchen. Im Brackwasser des Wasserlaufes Krka zogen wir flussaufwärts, und Andreas Fotoapparat klickte sich heiß. Ohne Vorwarnung stürzte sie plötzlich auf Heinz los und war im nächsten Moment laut schimpfend in eine Art Handgemenge mit ihm verwickelt. Während wir anderen noch gar nicht realisiert hatten, was eigentlich los war, rangen die beiden keuchend und sich beschimpfend ernsthaft miteinander. Gerade noch zwischen den Wanten ineinander verhakelt, riss sich Andrea von Heinz wieder los und flüchtete zu uns nach achtern. Mit einem aufgeregten Wortschwall überreichte sie mir zu meiner großen Verblüffung – eine Wurfschleuder.

Heinz, der Schnelligkeit Andreas nicht gewachsen, kam hinterher und schrie: »Gib her!«

Inzwischen umringt von den anderen, bekam ich heraus, was geschehen war. Hatte der liebe Heinz doch tatsächlich eine Schleuder im Gepäck, mit der er, von den anderen unbemerkt, während unserer Flussfahrt auf Möwen schoss! Er war sich keines Unrechts bewusst, und Undine meinte, es gäbe erstens sowieso zu viele Möwen, und er treffe zweitens ja eh keine. Na,

das gab vielleicht eine Diskussion! Da lagen sich meine Segel-
kameraden in den Haaren und stritten, was das Zeug hielt. Eine
Pause entstand für den Moment des Hafenmanövers, während
wir in Skradin anlegten, dann folgte eine generelle Funkstille, in
der Heinz wutentbrannt das Schiff verließ. Undine hatte sich von
Horst in Sachen Natur- und Umweltschutz belehren lassen und
war ins Lager der Segel- und Naturfreunde gewechselt.

Zu fünft brachen sie dann auf, um den Programmpunkt Krka-
Wasserfälle abzuarbeiten. Ich nutzte die Zeit, um mein Logbuch
auf den neuesten Stand zu bringen, machte ein wenig klar Schiff
und überlegte mir eine Strategie, um den Bordfrieden wieder-
herzustellen. In der Hoffnung, Heinz in irgendeiner Kneipe des
Orts zu finden und ein klärendes Gespräch herbeiführen zu können, brach ich zur Kneiptour auf. Schon in der zweiten wurde ich
fündig. Der Schleuderschütze hatte bereits einige Viertel vom
Fasswein zu sich genommen und war inzwischen recht friedlich
gestimmt. Das erleichterte mir mein Ansinnen. Ich erläuterte
ihm nämlich das deutsche Waffenrecht, die neuen Richtlinien
für Flugreisende und einige Paragrafen aus dem Strafrecht bei
unerlaubtem Waffenbesitz.

Mit großer Sicherheit hatte sein weinumnebeltes Hirn nicht
der Hälfte meines Vortrags folgen können, aber er erklärte sich
einverstanden, dass die Waffe in meinem Besitz verblieb. Wir
tranken gemeinsam noch ein Becherchen, und ich nahm ihm
auch noch das Versprechen ab, bis Törnende dieses Thema nicht
mehr zu erwähnen. Inständig hoffend, dass er sich am anderen
Tag daran halten würde, brachte ich ihn zurück zum Schiff, wo
ich ihn in seine Koje verfrachtete und er seinen Rausch aus-
schlief. Der Rest der Mannschaft kam, von einem weiteren

Gewitter bis auf die Knochen durchnässt, von den Wasserfällen zurück. Sie kauften mir die angebliche Strafpredigt für Heinz kommentarlos ab, als ich ihnen das einbehaltene Corpus Delicti zeigte, und akzeptierten seinen Rückzug für den heutigen Abend und meinen Wunsch, die Sache nicht mehr zu erwähnen.

Im Geiste klopfte ich mir für diesen taktischen Schachzug auf die Schulter. Mit der unguten Stimmung eines oberflächlichen Waffenstillstandes an Bord verließen wir am anderen Morgen ins Ölzeug gewickelt und wasserdicht verpackt bei polterndem Gewitter Skradin. Gegen elf Uhr klarte es auf, wieder im freien Wasser der Adria konnten wir Vollzeug setzen. Das entlastete die Spannung, wir segelten mit konstanten fünf Knoten und erreichten etwa um 15 Uhr das Leuchtfeuer Kukuljar. Unser Törnende stand unmittelbar bevor, Sukošan lag nur noch 18 Seemeilen voraus. Trotzdem reichte die Zeit, um uns noch eine weitere Panne zu bescheren. Als gegen 16 Uhr der Wind wieder auffrischte und wir im fröhlichen Gegenankreuzen noch einmal Segelfeeling spüren wollten, platzte mit einem ziemlich hässlichen Geräusch oberhalb der ersten Saling das Segel. Eine sofortige Kontrolle zeigte zwar, dass es nur die Naht war, die da offen klaffte, doch um größeren Schaden zu vermeiden, holten wir alles Tuch wieder runter. Bei dem tollen Wind unter Motor – frustriert erreichten wir gegen 19 Uhr die Marina.

Vom Hafenmeister erfuhr ich, dass eines der Charterschiffe während der Bora gesunken war – was waren dagegen unsere kleinen Pannen?

Kein Segeltörn ist wie der andere

Was natürlich, insgesamt gesehen, auch auf jede andere Urlaubsform zutrifft. Selbst wenn man immer wieder an denselben Ort fährt, wählt man doch unterschiedliche Jahreszeiten und hat verschiedene Wetterbedingungen, trifft andere Menschen oder ist selbst physisch und psychisch anders drauf als noch im Jahr zuvor.

Mehr als 20 Ein- und Zweiwochentörns habe ich im Laufe der Jahre vor der kroatischen Küste segelnderweise zugebracht, und auch mein diesjähriger Pfingsttörn führte mich wieder in das Revier zwischen Kornaten und Süddalmatien. Wir starteten in der Marina Sukošan, und unsere Route führte über Brbinj/Dugi Otok nach Biograd, Primošten, Palmižana, Korčula, Sipan, Cavtat in die Bucht von Polače/Mljet, in die Bucht von Gradina, nach Bobovica/Brač, Stupica, Žirje und zurück. Zum ersten Mal hatte ich zur Charter eine nagelneue Bavaria angeboten bekommen, was mich begeisterte, denn ich liebe es sogar bei Autos, wenn die Polster noch diesen Geruch nach »neu« ausatmen.

Meine achtköpfige Crew bestand aus netten, mir bekannten Menschen, und ich freute mich auf einen schönen und erlebnisreichen Törn. Doch muss ich gestehen, dass ich seit einiger Zeit einen kleinen Mann im Ohr habe, der mir manchmal gute und manchmal unsinnige oder überflüssige Dinge ins Gehirn bläst. Den Pfingsttörn betreffend wisperte er mir immer wieder zu, dass man kein neues und unerprobtes Schiff in die nähere Wahl ziehen sollte. Wann immer es auf See Probleme macht, kann man es schließlich nicht einfach an den Strand schieben oder irgendwo parken wie ein Auto am Straßenrand. Doch wer hört schon auf solche inneren Stimmen? Ich jedenfalls nicht, sondern ich brannte sogar darauf, der Erste zu sein, der dieses Schiff auf die Adria hinausführen würde. Neues Schiff – neue Erfahrung! Ich machte tatsächlich jede Menge davon und gehöre nun auch zu denen, die den Rat weitergeben, niemals ein nagelneues Schiff mit einer Chartercrew an Bord zu starten.

Aber zurück: Schiff und Polster dufteten neu, kratzerlose Furnierteile blitzten, die Sonne lachte, und fünf Windstärken erfreuten unsere Seglerherzen, als wir aus der Marina ausliefen. Da der Wind aus Südost kam, wo wir eigentlich hin wollten, änderte ich nach einigen schönen Kreuzschlägen, ohne wesentliche Wegstrecke zu gewinnen, kurzerhand die geplante Route. So liefen wir vorm Wind zunächst Richtung Nordwesten. Alles war prima, auch wenn wir uns gleich beim ersten Ankerstopp in einem dicken Drahtseil verhakten. Die Crew neben uns hatte unmittelbar nach uns das gleiche Problem und ihnen zuzuschauen machte unsere ersten Rangierversuche, gefangen vom Untergrundmüll, den alten Leitungen, Fischernetzen, verlorenen Ankern, sogar Bauschutt, wie wir beim Kontrolltauchen feststellten, wieder wett. Nach dem Ankerstopp inklusive Vesper genossen wir weiter herrlichen Segelwind und erreichten gegen 17 Uhr die Bucht von Dragove, wo wir noch einmal ankerten und uns von unserem Schlauchboot aus den in einem Felsen versteckten alten U-Boot-Bunker anschauten. Den Tipp mit dem Bunker hatten wir in einer Hafenkneipe aufgeschnappt. Sechs Windstärken und zunehmende Wellen bis eineinhalb Meter Höhe ließen uns danach bis Brbinj motoren, und fest verankert an einer Boje saßen wir anschließend bei Bratkartoffeln und

Würstchen um den Mannschaftstisch, wobei es uns kein bisschen störte, dass an unserem ersten Urlaubsabend wilde Blitze zuckten und fette Tropfen aufs Teakdeck prasselten.

Am nächsten Tag blies immer noch ein kräftiger Südost, und wir motorten wieder gegenan, immerhin war es trocken, wenn auch mit gerade mal 20 °C ziemlich frisch.

Irgendwo zwischen Lavdara und Sit meldete sich plötzlich mein Mann im Ohr, der ganz nebenbei unregelmäßige Motorgeräusche registriert hatte: »Alarm! Alarm! Der Motor wird gleich aussetzen!«

Kaum gedacht, schon geschah es. Bei dieser Bavaria 46 waren jedoch die Schaltknöpfe für den Motor ohne Schutzabdeckung so idiotisch in Kniehöhe des Steuermanns angebracht, dass ich zunächst vermutete, ich wäre an den AUS-Knopf gekommen. Doch meine Sinne waren geschärft, und als der Motor wieder und wieder aussetzte, war mein Knie keinesfalls in der Nähe des Knöpfchens gewesen. Erste Hilfe: Segel setzen und gleich ein Reff rein! Sofort! Hier bekam der Spaß ein Loch, seemännische Entscheidung und einzige Alternative: kurze Kreuzschläge zwischen den Inseln, Ausguck und permanente Kartenkontrolle mit ständiger Ansage. Jede Menge Untiefen in Form von Felsspitzen und Geröllhaufen ragen hier aus dem Wasser. Der Wind blies noch immer unvermindert aus Südost. Zweites Reff, Knochenarbeit an den Winschen beim Wenden, steter Blickkontakt zu den Felsen um uns rum. Zum Glück hatte ich in meiner momentanen Crew vier gute Segler, mit denen das Handling klappte. Kurze Kommandos genügten, die wussten, wo hinzugreifen war, die kurzen Kreuzschläge liefen perfekt, doch wir hatten so viel Gegenwind, dass wir kaum Strecke machten. Bei einem erneuten Startversuch auf der Höhe von Žut sprang der Motor plötzlich wieder an. Dem Herrn sei Dank – welchem auch immer! Ich übergab das Steuer, rief in der Marina an und beorderte den Vercharterer umgehend zur Überprüfung zu uns an Bord. Ein Blick in die Karte: Nächster passender Hafen war Biograd! Also hieß es, das Ziel anzusteuern, solange der Motor schnaufte! Natürlich fing es auch noch an zu regnen, und als wir vor Pašman Richtung Festland das Meer querten, bekamen wir ohne jegliche Abdeckung die volle Breitseite von inzwischen acht Windstärken zu spüren. Stürmisch, feucht und in von Weitem sicher sehr fotogener Schräglage pflügten wir durch die Wellen.

Es war gegen 16 Uhr und bereits nachtschwarz, als um uns rum fünf Schiffe, die ebenfalls Richtung Biograd steuerten und Zuflucht suchten, gegen die aufgewühlte See kämpften. Ich haderte noch zusätzlich mit dem immer wieder stotternden Motor, weshalb ich die Segel nicht ganz bergen konnte. Während die anderen Schiffe Richtung Stadthafen jagten, entschied ich mich wegen der möglichen Manövrierunfähigkeit, den Kai für die Fähranleger anzusteuern.

Dorthin beorderte ich auch die Monteure, was sich als sinnvoll erweisen sollte. Ich hatte den Ansteuerungswinkel passend zum Wind gut geplant und kam eigentlich perfekt an die Kaimauer, allein die Besatzung mit Walter am Bug versagte. Er verhedderte im entscheidenden Moment die Leine zum Überwerfen, und weil am Heck alles problemlos gelaufen und schon auf dem Poller vertäut war, drehten wir uns sofort mit dem Bug um die eigene Achse. Da der Wind die Kommandos verschluckte und der starke Regen die Sicht beeinträchtigte, dauerte es ein paar Sekunden, bis alle begriffen und das Schiff auch hinten wieder frei war, um einen Kringel für ein zweites Manöver drehen zu können. Die Gischt spritzte über den Kai, wo die Monteure bis zu den Knöcheln vom Wasser umspült wurden und nun ebenfalls Leinen heranschleppten, um gegenläufig zu arbeiten. Ich steuerte wieder an, sah ihr Treiben und überlegte gerade, wie blödsinnig deren Idee mit den gegenläufigen Leinen war, als der Motor abrupt wieder aussetzte. Ich glaube heute noch, mein Herz und Hirn setzten in dem Moment auch aus, denn alles, was dann kam, lief in meiner Erinnerung automatisch ab, also ohne weitere Abwägung.

Der Speed reichte für einen Aufschießer längs an die Kaimauer, alle Hände standen steuerbords, vier Leinen flogen gleichzeitig – und es reichte, um sie auf den Pollern und Klampen zu fixieren! Gemeinsam mit inzwischen herbeigeeilten Hafenarbeitern und Fischern zogen die Monteure die Leinen Zentimeter für Zentimeter dicht, bis wir schließlich ordentlich am Kai lagen.

Nachdem wir uns alle etwas trockengelegt hatten, werkelten sie zwei Stunden herum, wechselten einen Filter und erklärten die Chose für okay. Obwohl der Fährbetrieb inzwischen offiziell eingestellt worden war, wiesen sie uns aber an, das Schiff in den Stadthafen zu verlegen, um den Kai wieder frei zu halten. Es könnten ja noch so ein paar Notfälle wie wir den Kai als Rettungsplatz benötigen.

Das sahen wir ein. Es war zwar unangenehm, nochmals in die klitschnassen Klamotten zu steigen, nur um die paar Meter um die Ecke zum Stadthafen zu tuckern, aber da der Motor nun gleichmäßig lief, waren wir das der guten Seemannschaft schuldig. Nur eine halbe Stunde und dann würden wir uns landfein machen und ein gemütliches Hafenkneipchen aufsuchen.

Der Irrglaube des Seemanns!

Als wir gerade die Hafeneinfahrt passierten und ich nach einem Liegeplatz Ausschau hielt, setzte der Sturm plötzlich aus, und für einige Sekunden war es totenstill. Es sah irgendwie unwirklich aus, schwarz mit grellgelben Streifen am Himmel, ich glaube sogar, der Regen hörte ein paar Sekunden auf. Dann, urplötzlich, pfiff es von der anderen Seite, und wir wendeten automatisch unsere Köpfe um 180 Grad. Eine lange, trichterförmige Windhose schwebte auf uns zu und zeichnete sich deutlich am Himmel ab. Dahinter folgte ganz schwach eine zweite. Andrea starrte gen Himmel, und zum ersten Mal hörte ich sie aus vollem Herzen fluchen. Nein, nicht aus Angst. Sondern weil sie keine Zeit und somit keine Chance für so einmalige Fotos hatte! Ein fantastisches Naturschauspiel, dieser dunkle, sich schräg heranwälzende Trichter, nur verdammt unpassend mitten in einem Hafenmanöver.

Gerade noch darauf bedacht, nicht rechts auf den ersten Steg aufzuschlagen, drückte uns nun der Sturm nach Backbord, wo keine zehn Meter von mir entfernt zwei Yachten am Bugkorb ineinander verhakt versuchten, wieder klarzukommen. Dann sah ich schräg vor mir am übernächsten Steg jemanden mit beiden Armen winken und hielt sofort darauf zu, obwohl ich noch keine freie Bucht ausmachen konnte. Schließlich entdeckte ich auch auf den anderen Stegen Männer, die ganz offensichtlich trotz Sturm und Sintflut überall bereitstanden, um den eilig Schutz suchenden Schiffen und deren Besatzungen tatkräftig zu helfen.

Wie sich später herausstellte, hatte der Hafenmeister im Vorfeld der akuten Sturmwarnung rechtzeitig einige zusätzliche

Kräfte herbeitelefoniert und auf den Stegen verteilt. Auch uns war im Moment tatsächlich jede Hilfe willkommen, denn trotz des funktionierenden Motors war es nicht einfach, ohne Schaden anzulegen. Ich verließ mich nun ganz auf meinen Lotsen im gelben Ostfriesennerz, fuhr in die Hafengasse ein und steuerte die Bucht an, die er mir zuwies. Als ich Ruder legen wollte, um einzuschwenken, schlug das Schicksal zum zweiten Mal an diesem Tag zu. Im wahren Sinne des Wortes fiel ein dunkles Irgendwas vom Himmel, erwischte mich an Kopf und Schulter und verkeilte sich im Steuerrad. Das Dach einer Hollywoodschaukel! Der Schlag war nicht so heftig gewesen, aber das Ding blockierte jegliches Lenkmanöver. Während ich versuchte, es zu entfernen, trieb uns der Wind wieder zurück ins Hafenbecken. Dieter kam mir zu Hilfe, wir zerrten an dem Monster und mussten enorme Kraft aufwenden. Dann gab es einen Ruck, und das Steuer war frei – leider verlor Dieter auf dem glitschigen Deck dabei das Gleichgewicht und ging samt Gestänge und Plane über Bord.

Mann über Bord – der Albtraum jedes Skippers, der Wahnsinn mitten im Sturm. Glück im Unglück: rundrum aufmerksame Beobachter und Helfer. Gleich drei Rettungsringe flogen ins Hafenbecken, von allen Seiten kam Hilfe. Als Dieter wieder auftauchte, strampelte er sich von der Plane frei und wurde an Land gezogen. Ich hatte versucht, das Schiff in der Mitte der Hafengasse zu halten, und alles beobachtet. Alles klar mit Dieter! Zweiter Anlauf Richtung Box. Diesmal ging alles glatt, na ja, jedenfalls so gut das eben bei Sturm zu machen ist, denn wegen des umherwirbelnden Treibguts hatte mein jungfräuliches Schiffchen zwischen Kaimauer und Stadthafen ein paar nicht zu übersehende Kratzer abbekommen.

Als alle Leinen fest waren, versuchte Andrea wenigstens noch ein paar Schnappschüsse von der über die Hafenmauer schäumenden Gischt zu ergattern, doch die Windhose war längst weitergezogen, und die Fotos waren fast alle verwackelt oder wegen der angelaufenen Fotolinsen trüb. Von Biograd selbst sahen wir eigentlich nichts, denn wer besichtigt schon eine Stadt unter fließend Wasser.

Am nächsten Tag wieder Südostwind, Ziel: die Insel Vis. Regen. Starker Regen. Sonnenlöcher. Hagelschauer. Wundervolle abwechslungsreiche Wolkenbilder am Himmel mit Licht- und Schattenspielen in schneller Folge, wie von einem Bühnentechniker gemacht. Lange hohe Wellen bauten sich auf. Da wir unter Segeln keine Strecke gemacht hätten, mussten wir motoren und setzten nur einen kleinen Fetzen Tuch zur Stabilisierung. Wir hatten viel Zeit verloren, und ich musste nun wenigstens grob Kurs Dubrovnik nehmen, weil dort ein Mannschaftswechsel anstand. Dieser war bei der Wetterlage etwas ungünstig. Und während sich eines unserer Crewmitglieder die Fischplatte vom Abend sofort durch den Kopf gehen ließ, bezogen zwei weitere fünf Minuten später ebenfalls Stellung am Heckkorb in Lee. Ich hätte sie auf der Luvkante als Ballast besser gebrauchen können, um Kurs zu halten, doch was will man machen, wenn der im Magen schwimmende Fisch partout zurück zu seinen Artgenossen ins Meer will? Sträuben sinnlos!

Meine innere Stimme riet mir, dem Wohlbefinden meiner zahlenden Gäste Rechnung zu tragen, und so änderte ich wieder mal unser Tagesziel: nächster Hafen Primošten. Nix wie hin! Das war eine außerordentlich glückliche Entscheidung, denn etwa zwei Seemeilen weiter begann der Motor wieder auszusetzen. Bei mehreren Startversuchen sprang er immer mal wieder an, und stotternd erreichten wir den Hafen. Wenigstens hatte es aufgehört zu regnen.

Primošten – ein hübscher kleiner Ort, die Altstadt auf einer vorgelagerten Halbinsel gelegen. An Land folgte uns der Monteur die rund 100 Kilometer. Es machte uns nichts aus, während seiner Bemühungen hervorragend in einem der Hafenrestaurants zu speisen, und als der Mechaniker am Abend meldete, den Schaden jetzt gefunden zu haben – diesmal war angeblich Wasser im Tank gewesen –, war das Anlass für einen besonders großen Manöverschluck. Anschließend waren alle gut drauf, und niemand ließ sich von »den kleinen Problemchen« den Urlaub verderben. Der Wetterbericht meldete statt variablem nun veränderliches Wetter, worüber wir uns ebenso amüsierten wie über die Zuckungen unseres Barometers, die bei jedem Ablesen in eine andere Richtung gingen.

Am nächsten Tag gelang uns ein schöner Segelschlag Richtung Hvar, wo wir nach einer Hafenrundfahrt entschieden, in der nahe gelegenen Bucht Palmižana zu ankern. Schwarze Wolken begleiteten uns den ganzen Tag, öffneten ihre Schleusen aber erst während unseres Ankermanövers. Nun hätte das nicht wirklich gestört, dass aber der Anker weder nach dem dritten noch nach dem fünften Versuch fassen wollte, nervte mich. Da ist schon wieder was faul, meldete sich mein Stimmchen! Und nachdem wir das Ankergeschirr mal zu uns raufgezogen und beäugt hatten, fanden wir auch die Ursache: War doch statt einer starren Verbindung zwischen Anker und Kette ein Drehschäkel montiert, der das Eingraben des Ankers verhinderte!

Durch die Möglichkeit, sich drehen zu können, klappte der Anker logischerweise zusammen, statt sich starr einzugraben. Hätte das nicht jeder beim ersten Ankerversuch merken müssen? Ja, hätte man, wenn die Yacht schon mal auf See gewesen wäre und irgendwo geankert hätte, aber von der Werft zur Marina war sie bisher nur an Stegen und Dalben festgemacht worden, und der Anker war lediglich als vorgeschriebener Ausrüstungsgegenstand vorhanden. Welcher Könner das Ankergeschirr mit einem Drehschäkel verbunden hatte, war wohl nicht mehr nachzuvollziehen, und sich überhaupt den Kopf darüber zu zerbrechen, bringt im Nachhinein nichts, schon gar nicht, solange man bei starkem Regen und heftigen Windböen in einer Bucht zwischen mehreren Booten rangiert. Dass der Ersatzanker nebst Kette und Leine, von dessen Vorhandensein ich mich natürlich vor dem Auslaufen überzeugt hatte, nicht fest montiert war, überraschte mich schon nicht mehr, ließ aber den kleinen Mann in meinem Ohr in memoriam auf seine Warnung vor neuen Schiffen Samba tanzen.

Da uns das Ankern also unmöglich war, liefen wir auf der anderen Inselseite die ACI Marina an und verbrachten dort am Steg eine ruhige, kostenpflichtige Nacht. Und schon wieder ein Ort, den wir ohne unsere Pannen nie im Leben gesehen hätten! Die tolle Aussicht über die Inseln versöhnte uns beim Abendessen im Restaurant »Meneghello« auf dem Berg. Ganz früh am nächsten Tag steuerten wir Korčula an, wo wir für beide Ankergeschirre passende Schäkel kauften, und beim Probeankern in der nächsten Bucht klappte alles auf Anhieb. Draußen auf dem Meer bogen wir noch vorsichtshalber die Splinte an den Wanten unfallsicher nach hinten und umklebten sie mit Lassoband, damit sie nicht weiter die für einen Dreitagestörn schon ziemlich ausgefransten Schoten zerschlissen.

Mein Mann im Ohr äußerte sich noch immer und immer wieder sehr besorgt, weil es auch bei der restlichen Ausstattung ziemlich klemmte, aber seemännisch war nun alles klar. Wer braucht schon einen ordentlichen Werkzeugkasten auf dem Schiff? Ersatzschäkel? Karabiner? Leinen? Ein paar Bändsel? Eine Rettungsinsel und Signalraketen waren schließlich vorhanden. Auch dass Töpfe und Tiegel größenmäßig besser für einen Zweipersonenhaushalt passten statt für eine achtköpfige Crew, war nun wirklich nebensächlich. Dinge wie Gasanzünder, Kartoffelschäler, Brotmesser, Schneebesen und Kaffeefilter bringe ich schon seit Jahren selbst mit auf jedes Charterboot, dafür ist die Bavaria-Werft ausstattungsmäßig nicht zuständig. Mein Plagegeist allerdings maulte, das sei Sache zumindest des Vercharterers, dessen Preise seien schließlich hoch genug. Manchmal habe ich den Eindruck, er motzt ein bisschen viel, James Cook und Amerigo Vespucci sind schließlich auch ohne all den Kram ausgekommen. Ein bisschen recht hat mein kleiner Quälgeist aber mit Sicherheit, und die zahlenden Chartergäste waren einstimmig seiner Meinung. Leider wissen die pfiffigen Vercharterer, dass sich das Inventar während der ersten Chartertouren für sie kostenlos wie von allein ergänzt. Das heißt: Wohl oder übel kaufen die Chartergäste den Hausrat zusammen, denn große Töpfe, Thermoskannen und Brotmesser sind während des Törns unverzichtbar; und bei Seglern, die mit dem Flugzeug kommen, wäre es viel zu problematisch, das Geschirr als teures Übergepäck nach dem Törn mit nach Hause zu nehmen. Natürlich wurde auch unsere Bordkasse mit diesen zusätzlichen

Ausgaben belastet – dafür rochen die Polster aber immer noch schön neu! Drei Tage hörte ich nichts mehr von meinem inneren Schweinehund, erst im Stadthafen Gruž motzte er wieder. Für die Liegeplätze an der Hafenmauer, unmittelbar an der stark befahrenen, lauten Straße zu den großen Fähranlegern, musste man in diesem Jahr pro Nacht und Schiff satte 100 Euro hinblättern. Dafür gibt es weder Duschen noch WC, aber jede Menge Verkehrslärm, Abgase und einen kloakenartigen Hafenduft.

Was sonst noch so auf dem Pfingsttörn los war? Na eben das Übliche – segeln, baden, lesen, quatschen, ergebnisloses Angeln und abends in irgendeiner Konoba landestypische Essen- und Weinproben. Nicht zu vergessen das Fotografieren von allem und jedem. Eine gut gemeinte, wenngleich ungenießbare Abwechslung bot uns am letzten Nachmittag unsere dienstbeflissenste Mitseglerin Andrea, indem sie Kaffee und Tee mit Salzwasser zubereitete. Ihr erstes Opfer, das den Tee probierte, war unser ewig Seekranker, der sich nicht ganz sicher war, ob seinen gequälten Körper vielleicht ein Problem mit dem Geschmacksnerv zum Narren hielt. Doch als auch die anderen Kaffeetrinker ihren ersten Schluck umgehend über Bord spuckten, war jedem klar, dass da was schiefgelaufen war. Des Rätsels Lösung: Ursprünglich sollten unterwegs Spaghetti gekocht werden. Das Projekt wurde jedoch wegen zu hohen Wellengangs eingestellt. Später wurde das noch lauwarme Wasser, in dem schon das Salz für die Pasta war, aus Energiespargründen und damit der Kaffee schneller fertig würde, wieder zum Kochen gebracht.

Auf alle Fälle schafften wir es pünktlich zum Crewwechsel nach Dubrovnik, wo unsere Yacht dann nicht mehr ganz so neu roch.

Der Erbsenzähler

Ich hatte zwei Segelwochen Rund Sizilien mit Wiederholungsbuchern und Freunden hinter mir und wartete im Hafen auf meine nächste Crew. Zwei weitere Wochen sollten folgen, für die ich das Törngebiet vor Sizilien, zwischen den Liparischen Inseln und vor Kalabrien ausgewählt hatte. An Bord erwartete ich diesmal lauter Fremde, die ausnahmslos über meine Homepage Kontakt zu mir aufgenommen hatten: Lars und Manuela aus Stuttgart, beide Inhaber des Bodenseeschifferpatents, und einen Werner aus Berlin, der am Müggelsee ein kleines Boot besaß. Zumindest diese drei wussten also über das notwendige Bootshandling Bescheid.

Ebenfalls für die nächsten Tage auf meiner Crewliste standen Claudia und Klara aus München, zwei ehemalige Schulfreundinnen, die sich bei einem Klassentreffen erst kürzlich wiedergesehen hatten. Inspiriert von einem Artikel in ihrer Tageszeitung über die Liparischen Inseln und den Stromboli, den zufällig beide gelesen hatten, hatten sie Gesprächsstoff für den ganzen Abend gehabt und waren sich, da beide gerade Singles waren, schnell einig geworden, den nächsten Urlaub zusammen segelnd zu verbringen. Für alle fünf hatte ich die Flüge nach Catania gebucht und das Taxi zur Marina Portorosa reserviert. Darüber hinaus erwartete ich noch David und Bianca, ein Paar aus Oberschwaben, das einmal Urlaub auf den Planken eines Bootes machen wollte.

Schon gegen Mittag kamen Lars, Manuela, Werner, Claudia und Klara froh gelaunt im Hafen an. Ein Begrüßungsdrink. Ein

kurzes Einrichten auf dem Boot. Dann erledigten wir den Erst-
einkauf. Da David und Bianca erst am späten Abend eintreffen
würden, gab es am Nachmittag Hafenfreizeit. David hatte mir
erklärt, dass er ausschließlich auf Last-Minute-Flüge abonniert
war, als ich auch ihm meinen Buchungsservice angeboten hatte.
Er wolle flexibel sein, um bei den drei Flughäfen in seiner Nähe
den niedrigsten Preis zu nutzen. Meine Warnung, basierend
auf langjähriger Erfahrung, dass das schiefgehen könne und
er womöglich zum Schluss mehr zahlen müsse oder nicht die
passenden Flüge bekomme, schlug er in den Wind. Von den
Zinsen, die er inzwischen noch für das Geld auf sein Konto
bekäme, wolle er ein paar Biere trinken, sagte er. Fünf Wochen
vor Törnbeginn hatte er mich dann etwas kleinlaut informiert,
dass er und seine Frau erst am späten Abend landen würden.
Er hatte keine Last-Minute-Billigflüge ergattert. Zerknirscht
gab er sogar zu, dass er durch seinen Alleingang nun pro Ticket
180 Euro berappen musste – mein Angebot hätte im Februar
nur 104 Euro gekostet – und dass sie nicht vor 21 Uhr im Hafen
sein könnten. Diese Interna erzählte ich den anderen natürlich
nicht, meiner Ansicht nach war der Schwabe genug gestraft.

Wir genossen zu sechst einen entspannten Nachmittag und saßen
in der Grillstube am Kai, als der abendliche Frieden von einem
lauten Disput an einem Taxi unterbrochen wurde, das ein paar
Meter vor uns an der Promenade hielt. Wir lästerten noch über
das südländische Temperament, als derbe deutsche Schimpf-
wörter und Begriffe wie »Abzocke«, »Wucher« und »Mafia-
methoden« die Aufmerksamkeit sämtlicher Restaurantgäste
weckten. Sofort stieg eine Ahnung in mir auf, die nichts Gutes

verhieß und sich leider umgehend bestätigte: Die zeternden Ankömmlinge waren unsere Mitsegler David und Bianca.

»Transferkosten mit Nachtzuschlag, das muss man sich mal geben, ein Taxi für zwei Personen kostet genau so viel wie für fünf, das ist doch nicht normal. Wir sind doch keine Weihnachtsgänse zum Ausnehmen«, schimpfte David weiter, während wir uns begrüßten.

Ein Händedruck. Gemurmelte Namen, die in der Aufregung von den Neuankömmlingen gar nicht registriert wurden. Wie peinlich, dass diese beiden zu uns gehörten. Dahin die tolle Stimmung. Statt eines Begrüßungsschlucks zahlten wir lieber schnell und still und verschwanden Richtung Schiff.

Ein neuer Morgen, eine neue Chance, strahlender Sonnenschein und ein schöner warmer Wind. Ich hatte Manuela, die als Erste munter war, in die Benutzung der Bordküche eingewiesen. Nun war der Tisch gedeckt, eine große Kanne Kaffee stand bereit. Als Ortskundiger hatte ich frische Brötchen geholt und hoffte, mit diesem Guten-Morgen-Service den Tag besser einzuleiten, als wir den vorangegangenen beendet hatten. Die Tischrunde war bald komplett, noch einmal stellten sich alle einander vor, und die Kaffeebecher stießen aneinander.

»Also willkommen Bernard und Bianca.« Ups – David und Bianca natürlich!

Ernste Mienen ob der Anspielung auf den Mäusemann Bernard in dem berühmten amerikanischen Zeichentrickfilm, so sorry, doch der Versprecher war nicht mehr zurückzunehmen, und als sich Klara prustend am Kaffee verschluckte, brach das Eis, denn alle mussten lachen. Bianca gab ihrem Mann einen Kuss und flötete liebevoll, »Bernard würde eigentlich auch gut zu dir passen«, woraufhin sich die Runde sichtlich entspannte. Es folgten die üblichen Sicherheitseinweisungen, und gegen elf Uhr lichteten wir den Anker. Ein leichter Wind sorgte für einen optimalen Start. Ich steuerte selbst, meine Crew genoss ihren ersten Urlaubstag entspannt in der Sonne.

Am Nachmittag frischte der Wind immer mehr auf, gegen 15 Uhr banden wir das zweite Reff ins Segel, das Meer bot ein paar kräftige, aber unbedenkliche Wellen, und da es allen noch richtig gut ging, genoss auch ich den Ruderdruck. David wurde inzwischen von fast allen mit Bernard angesprochen und gab es auf, sich dagegen zu wehren, nur als Werner irgendwann auch noch einen Berni daraus machen wollte, verbat er sich das entschieden mit dem Hinweis, dass er ja nicht schwul sei.

Gegen 16 Uhr flaute der Wind ab, und wir mussten motoren. Ich versöhnte »Bernard«, indem ich ihm als Erstem das Steuer anvertraute, und als wir gegen 18 Uhr in der Marina Salina an der Muring festmachten, war ein Kapitän namens Bernard geboren. Spaghetti kochen und essen, eine Runde schwimmen vor der Außenmole und dann ein Spaziergang durchs Örtchen: Alles hätte so schön sein können! Hätte – ja, hätte nicht Lars beim Abendessen erwähnt, dass Bernard und Bianca noch ihren Obolus an die Bordkasse leisten müssten. Lars hatte die Kassenführung übernommen und mahnte nun die beiden, die wegen ihrer verspäteten Anreise nicht mit eingekauft und natürlich auch noch nichts eingezahlt hatten. Zweimal 80 Euro als Ersteinlage waren gefordert, und ich ergänzte, als ich sah, wie sich Davids Miene verfinsterte, gleich Lars' Forderung, dass das ja schon in den Vorabinfos gestanden und die anderen bereits bezahlt hätten.

David entgegnete, dass man von sieben mal 80 Euro eine Menge einkaufen könne, er habe das ja gelesen, aber er wolle wenigstens die Kassenzettel sehen und auch wissen, was alles gekauft wurde. Das leidige Thema Geld! Immer mal wieder hatte man eben Crews, bei denen sich daraus Probleme entwickeln. Je nachdem, wie weit gereist die Einzelnen, wie weltgewandt oder, um es konkret zu sagen, wie engstirnig sie eben waren. Als Oberstufenlehrer am Gymnasium mit Mitte 40 verdiente David, der inzwischen nur noch Bernard genannt wurde, bestimmt nicht schlecht, und Klassenkassen mussten ihm ein Begriff sein. Was sollte also seine misstrauische Ansage?

Ich verkrümelte mich an den Kartentisch und tat beschäftigt. Das waren alles erwachsene Menschen, sollten sie das doch untereinander ausdiskutieren. So lernten sie sich näher kennen und einschätzen, und auch ich konnte mir ein besseres Bild über ihre Charaktere machen. Bei allen anderen hatte es jedenfalls keine Probleme wegen der Kasseneinlage gegeben. Im Gegenteil. Claudia und Klara hatten sich an alte Studienzeiten erinnert, als sie auch gemeinsam gekocht und sich die Kosten geteilt hatten, und Werner als Single hatte mit einem Blick auf die Damen rumgetönt, dass er gern einen Fuffi mehr einzahle, falls sie ihm während des Törns immer was Schönes kochen würden. Vielleicht war er ein Macho, aber nicht geizig!

Werner war es dann auch, der die Bordkassendiskussionsrunde mithilfe einer Flasche Rotwein auflockerte und verkündete, dass man schon miteinander auskommen werde und im Übrigen das heutige Essen und der Wein kostenlos seien, da alles von den Vorgängern an Bord zurückgelassen worden war. Nach dem gemeinsamen Schluck erklärte er, dass er nun das Dorf besichtigen wolle, weil der Abend so schön und die Diskussion ihm »einfach zu blöd ist« - und dass Bernard doch einzahlen und dann die Kasse selbst übernehmen solle. Sprach's und verschwand von Bord, womit sich die Runde auflöste.

Bianca brachte die Scheinchen. Bernard verzichtete darauf, die Bordkasse zu übernehmen, ließ sich aber demonstrativ alle Kassenzettel vom Vortag zeigen und schaute, bevor er sich ins Dorf aufmachte, »stichprobenartig« nach, wo der Wein lagerte. So wuchs zusammen, was für 14 Tage zusammengehören sollte.

Zweiter Törntag. Morgendliche Hafen- und Frühstücksstimmung mit Guten-Appetit-Wünschen von Boot zu Boot. Ablegen. Seegang schwach. Ein Badestopp. Keine besonderen Vorkommnisse. Ein paar Knoten wurden geübt, und niemand ging auf Bernards Bemerkung ein, der beim Nachmittagskaffee zwei Bananen aß, weil seine Frau keine mochte und sie ja für alle gekauft und bezahlt worden waren. Wir umrundeten die Insel Salina und machten für die nächste Nacht auf der Ostseite von Filicudi an einer Boje fest.

Werner, der sich wie immer ein wenig mit am Kartentisch rumdrückte, setzte sich in Szene und gab die Koordinaten bekannt: 38°33,5 N / 014°46,7 E.

»Falls sich jemand den Ort merken möchte, und damit ihr wisst, wo ihr seid«, kommentierte er seine Ansage und wendete sich beifallheischend in Richtung Claudia und Klara, auf die seine Information allerdings keinen großen Eindruck machte. »Mit den Zahlen könnt ihr wahrscheinlich sowieso nichts anfangen«, versuchte er, sich und seine Insiderkenntnisse noch aufzupolieren, und bestätigte mit seinen geschätzten 1,65 Metern

Körperhöhe das Klischee, dass kleine Männer gern durch Angeberei und Imponiergehabe einem großen Geltungsbedürfnis Ausdruck verleihen.

Ich entnahm dem Internet einen Hinweis auf ein Bergrestaurant, das ich mit dem Fernglas suchte. Mein Vorschlag, dort zu essen und dabei den Sonnenuntergang zu genießen, wurde sofort begeistert aufgenommen.

Dingitransfer. Dann kämpften wir uns schwitzend und stöhnend dem kleinen Wanderweg folgend den Hang hinauf. Die Aussicht bot zahlreiche Fotomotive. Das »La Carne«, das wir nach etwa 20 Minuten enterten, entpuppte sich als stilvolles Restaurant mit traumhafter Terrasse. Leider sprach das Personal nur Italienisch, und auch günstigen Tafelwein fand man nicht auf der Karte. Wir beschlossen, uns einen besonderen Abend zu gönnen und aus der Bordkasse zu bezahlen. Dann orderten wir vier Fischplatten für je zwei Personen, und irgendwann begriff der Kellner sogar, welche Getränke wir dazu wollten. Schnell brachte er drei gut bestückte Fischteller, und als wir warten wollten, bis auch die letzte Portion auf dem Tisch stünde, meinte Bianca, die am Ende der Tafel saß, wir sollten doch schon anfangen, der Fisch würde ja kalt, und ihre Platte würde ja sicher gleich kommen. Also begannen wir zu essen, denn kalter Fisch schmeckt wirklich nicht.

Während die Sonne filmreif im Meer versank, herrschte auf der Terrasse, die inzwischen voll besetzt war, »gefräßige Stille«. Nur Bernard und Bianca warteten noch immer auf ihr Essen. Wir zupften den Kellner am Ärmel, ein italienischer Redeschwall, ein Achselzucken, aber auch nach einer weiteren Viertelstunde hatten unsere beiden noch nichts zu beißen. Werner überließ

Bianca zwei Scampi von seiner Platte und machte sich dann auf, ganz Gentleman, um die Sache »mal in die Hand zu nehmen und in der Küche zu regeln«.

Zwei weiß bemützte Köche und den Kellner im Gefolge tauchte er Sekunden später am Tisch wieder auf. Wild gestikulierend redeten alle durcheinander, irgendwas stimmte nicht. Witzelnd mutmaßten wir, dass der Fisch nicht gereicht hatte und der Besitzer des Restaurants erst noch mal zum Angeln sei. Doch Bernard und Bianca hatten Hunger und waren sauer. Inzwischen waren auch die anderen Gäste auf den Tumult an unserem Tisch aufmerksam geworden, und dann kam tatsächlich einer zu uns rüber, der dolmetschte und die Sachlage klärte. Wegen der kleinen Tische und der vielen Gläser hätten die Köche die Fischportionen für vier mal zwei Fischplatten auf drei Platten angerichtet, übersetzte er uns. Wir hätten alles Bestellte erhalten, unsere hungrigen Gefährten hätten von den anderen Platten mitessen sollen. Aber wer kommt denn auf so eine Idee? Gastronomische Regeln? Zu kleine Tische für acht Personen? Deutsche Spießbürger? Heiße Diskussion! Bianca schnappte sich inzwischen die Reste von den anderen Tellern, während Bernard weiter mit dem Kellner und ein paar Tischnachbarn auf Englisch und mithilfe von Mimik und Gestik die seiner Meinung nach korrekten Tischsitten Deutschlands und die hiesigen Unzulänglichkeiten detailliert erörterte. Während er mit der Welt haderte, dass ausgerechnet er auf eine fachgerechte Fischplatte verzichten müsse, brachte einer der Köche eilfertig und um Entschuldigung bittend noch einen Extra-Teller für ihn.

»Da – du satt werden.«

Unserem Bernard stank dieses Italien! Er war besser als Caveman, der Höhlenmensch des gleichnamigen Broadwaystückes! Denn er konnte mehrere Dinge gleichzeitig: schimpfen, essen und über die »hier grad im Kleinen demonstrierte Annäherung der Völkerverständigung« sowie über die EU-Politik auf die nun zu erwartende Rechnung zu sprechen kommen. Was er nicht konnte: gelassen bleiben, sein Essen jetzt noch genießen.

Mit der Rechnung kam eine Runde Grappa, ob das hier üblich oder als Entschädigung gedacht war, wussten wir nicht. Fakt ist, das Tablett mit den Schnäpsen wurde neben Bernard abgestellt, und ehe wir ihn davon abhalten konnten, stürzte er der Reihe nach vier Schnäpse in sich hinein. Einen stellte er seiner Frau direkt vor die Nase, brummte etwas von angemessener Entschuldigung und unmöglichen Italienern, nahm zwei weitere Schnäpse und besaß tatsächlich beim letzten Glas die Dreistigkeit zu fragen, ob diesen Grappa vielleicht jemand von uns wolle.

Nein, den letzten Schnaps wollte keiner, jetzt waren wir fassungslos!

Während der Mond eine silberne Straße auf das Wasser zauberte, lag der Rückweg über den Berghang in völligem Dunkel. Unsere mitgebrachten Taschenlampen erwiesen sich jetzt als sehr nützlich, doch dem noch nicht ganz verdauten Drama Fischplatte folgte spontan das nächste. Denn trotz Beleuchtung und vorsichtigem Abstieg blieb Manuela irgendwie mit dem Fuß an einer Wurzel hängen. Ein leiser Schmerzensschrei, dann knickte sie zusammen. Innerhalb von Sekunden schwoll ihr Knöchel an. Als ich ihn abtastete, kullerten ihr schon die Schmerztränen über die Wangen, doch gebrochen schien nichts. Aber laufen war nicht mehr. Notarzt? Krankenwagen? Gemeinsam entschieden wir, ein Taxi zu rufen und mit dem Arztbesuch bis zum nächsten Morgen abzuwarten. Wir trösteten sie, während Lars zum Telefonieren zurück ins Restaurant lief.

Da entschlüpfte Bernard doch der Satz: »Glaub aber ja nicht, dass wir die Taxikosten aus der Bordkasse bezahlen.«

Mit kalten Coladosen aus dem Bordkühlschrank behandelte Manuela während der Nacht ihren Knöchel und nahm zur Muskelentspannung ein paar Magnesiumtabletten.

»Skipper, leg einfach ab, wird schon werden«, war ihre Ansage am Morgen.

Sie wollte keinen Arzt, und so setzten wir unseren Törn planmäßig in Richtung Lipari fort. Habe ich eigentlich schon erwähnt, dass unser Bernard mit der Verunglückten und ihrem Mann im Taxi mit zum Hafen zurückfuhr, weil das Taxi einen Platz frei hatte, der nix extra kostete? Und dass seine Frau auf dem nächtlichen Rückweg zum Hafen sich bei mir für sein Verhalten und seinen »kleinen Geldtick« entschuldigte?

Gegen Mittag erreichten wir die Durchfahrt zwischen Lipari und Vulcano, ich steuerte selbst, meine Crew war mit sich beschäftigt. Bianca hielt unter Deck ein Mittagsschläfchen. Lars las in einem Buch, während Werner das »Hinkebein«, wie er Manu nannte, mit Früchten und einem Drink versorgte. Bernard musste natürlich wieder etwas zu essen haben, damit er nur ja nicht zu kurz kam, und Claudia und Klara saßen neben mir im Cockpit, schossen ein paar Fotos und tuschelten eifrig miteinander.

Hin und wieder schnappte ich ein paar Wortfetzen auf: »der Schleimer«, »die ist doch verheiratet«, »kann sich doch ihr Mann drum kümmern«, »könnte uns mal einen Drink bringen« ...

Da hatte ich ja mal wieder eine tolle Mannschaft!

»Vulcano voraus. Klarmachen zum Ankern«, so holte ich alle mit ein paar Aufgaben zum Ankermanöver in eine schönere Welt zurück.

In der kleinen Bucht war viel Betrieb, jede Menge Ankerlieger trotz des vulkanischen Schwefelgestanks, der hier die gute Seeluft verpestet. Überall sah man kleine gelbliche Wölkchen aus den Bergritzen aufsteigen und sich am Himmel mit den schwarzen Abgaswolken des Fährzubringers mischen. Eine halbe Stunde später umrundeten wir an Land einen laut Reiseführer »Jungbrunnen der menschlichen Schönheit«. Vor ein paar Jahren noch frei zugänglich, war dieser Tümpel aus Schwefelwasser inzwischen eingezäunt und zur touristischen Geldquelle ausgebaut worden. Am Rand der Anlage gab es jetzt Umkleidekabinen und Duschen, ein paar Souvenirstände und zwei Restaurants. Die Schlammpfütze selbst war nur noch über vorgeschriebene Pfade zu erreichen, die mit Holzbohlen belegt waren. Acht Euro Eintritt ohne Wirksamkeitsgarantie?

Diesmal waren wir uns einig, wir wollten gar nicht jünger werden. Für das Geld tranken wir lieber zwei Bier, begnügten uns damit, die gesunde, wenn auch stinkende Luft zu atmen, und amüsierten uns über den Anblick der weiß getünchten menschlichen Kolonie, die sich im Schlamm rollte. Dass ich nach einem früheren Testbesuch schon mal meine Lieblingsbadehose wegwerfen musste, weil sie noch Tage später nach dem Schwefel stank, glaubte man mir sofort.

Anker auf! Kein Lüftchen regte sich, also motorten wir bis Lipari. Landgang. Ich blieb an Bord, um Manuela, die noch immer nicht auftreten konnte, Gesellschaft zu leisten, und gab meiner Crew

Sightseeingtipps für den Abend, denn den alten Stadthafen und die Burganlage sollten sie schon gesehen haben. Sie schwärmten aus. Auch Lars eilte mit den anderen davon, versprach aber seiner Frau, ein paar Fotos zu machen, damit sie sich den Ort auf diese Weise ansehen konnte. Ruhe an Bord. Manu betrachtete Lipari durchs Fernglas, ich spielte Krankenpfleger und richtete uns ein paar belegte Brote. Gerade als alles auf dem Tisch stand und ich eine Flasche Rotwein öffnete, kam Bernard zurück, weil er vergessen hatte, seine Postkarten mit zum Briefkasten zu nehmen.

Ein Blick auf unsere Vesperplatte, und dann legte er auch schon los. Ein bösartiger, überlauter Monolog zum Thema heimliches Wegfressen von Vorräten und Ausnutzen der Situation prasselte auf uns nieder. Ich war ob seiner Missgunst entsetzt und fürchtete außerdem, dass sein Kreislauf kollabierte. Er wütete weiter, bis ich mit der Faust auf den Tisch schlug und ihn so stoppte. Ich kann auch laut werden! Viele Sätze machte ich trotzdem nicht, mein letzter beinhaltete den Vorschlag, Bernard könne gern am Morgen mit der Fähre zurück zum Festland und von dort wieder nach Hause fahren. Dann schickte ich ihn von Bord, um »außerhalb« über alles gründlich nachzudenken und mir am Morgen seine Entscheidung mitzuteilen. Teamfähigkeit ist eben nicht angeboren. Dass Typen wie unser umbenannter David-Bernard einen Segeltörn als Therapie oder zur Nachschulung in Sachen Sozialverhalten und Anpassung in Kleingruppen brauchen können, ist sicher richtig, aber bei ihm reichten vermutlich 14 Tage nicht aus. Und außerdem: Bitte nicht auf meinem Schiff!

Spät in der Nacht kehrten die Landausflügler zurück, und

während sich alle in ihre Kojen verkrochen, bat mich Bianca noch um ein paar Minuten Zeit. Ihr Mann habe ihr alles erzählt und dann ein bissl viel getrunken. Eine ernste Diskussion wie schon lange nicht mehr hätten sie gehabt. Und peinlich sei ihr das alles, aber sie spräche für ihn, er würde sich entschuldigen, und natürlich wollten sie nicht nach Hause fahren, und sie würde sich auch noch bei Manuela entschuldigen.

Moment mal, sie wollte sich entschuldigen? Während Bernard schon seinem Alkoholrausch erlag, nahm ich mir Zeit für ein Zwiegespräch mit Bianca. Bewusstseinsfragen! Freiwillig gestehe ich, dass wir dabei noch eine Flasche Wein leerten, Bordkassenwein! Am Ende hatte ich sie so weit: Bernard sollte sich selbst entschuldigen! Sie hatte doch nichts falsch gemacht! Ehealltag hin, Rollenspiel und eingeschliffene Gewohnheiten her, als Skipper schlüpfe ich schon hin und wieder mal in die Rolle des Eheberaters, Frauenverstehers oder Beichtvaters. Außerhalb der Dreimeilenzone, losgelöst vom Alltäglichen und dafür eingebaut in eine neue Gruppenstruktur bekommen eben viele Dinge einen völlig anderen Stellenwert.

Der vierte Segeltag begann recht ruhig. Bianca entschuldigte zunächst ihren Gatten, der angeblich so einen Kater hatte, dass er nicht aufstehen konnte. Dann richtete sie das Frühstück und brachte es fertig, alle irgendwie mit einzubeziehen. Wir verließen Lipari und nahmen Kurs auf Panarea. Lars, Manuela und Bianca spielten Sonnenanbeter auf dem Vorschiff. Bernard, vermutlich mehr mit Feigheit, denn mit einem Kater geschlagen, lag noch immer in der Koje. Sollte er die Zeit zum Nachdenken nutzen, wir genossen einstweilen den Tag, bis auf die Tatsache, dass der Wind zu schwach war, um die Segel zu setzen. Werner wollte ans Steuer und setzte dazu eine weiße Kapitänsmütze auf, die er an einem der Souvenirstände erworben hatte. Prompt stürzten Claudia und Klara zu ihren Fotoapparaten. Mit so viel Beachtung beschenkt, erklärte er ihnen lang und breit den Kompass und fühlte sich wohl in seiner Rolle. Später erzählte er von seinem Boot, das am Müggelsee läge, und von wilden Seeabenteuern, die er dort bei sieben bis acht Windstärken überstanden habe. Sein Seemannsgarn wurde immer dicker, aber die Mädels hingen an seinen Lippen, dabei konnte der verkappte Käpt'n Blaubär noch nicht mal unter Motor einen geraden Kurs steuern, was ein Blick nach achtern zeigte.

Urlaubsstimmung. Am Spätnachmittag ankerten wir zwischen Stromboli und Strombolinico. Schäfchenwolken aus dem Vulkankegel und das Blinken des Leuchtturms von Strombolinico belebten das Abendprogramm. Der Duft unserer Gulaschsuppe lockte endlich auch Bernard aus seiner Koje. Er hatte tatsächlich den ganzen Tag unter Deck zugebracht, schmollend, nachdenkend oder ernsthaft verkatert. In der Dämmerung traute er sich nun raus. Ähm, na ja, er habe ganz schön gelitten, und das sei wohl auch die Strafe für sein aufbrausendes Verhalten in Lipari, also, hmm, es tue ihm leid, und dann folgte die Frage, ob denn noch ein wenig Gulasch für ihn übrig wäre.

War das nun eine Entschuldigung? Wir nahmen sie an.

Zwischen Gulaschsuppe und Salatteller bemerkte ich, dass der Anker slippte, und da der Schwell zwischen den beiden Inseln nicht gerade gemütlich war, verlegte ich das Schiff kurzerhand auf die andere Inselseite nach Sciara del Fuoco. Von hier ist die Sicht auf den Vulkan und den Aschehang ohnehin besser, doch wir starrten vergebens Löcher in die Nacht. Keine Funken sprühenden Steine. Keine lange Lavaschlange, die den Berg herabkroch. Nichts, was vulkantechnisch den spektakulären Fotos in den Urlaubsprospekten auch nur annähernd gleichkam.

Eigentlich hatte ich in meiner Törnausschreibung einen Ruhetag auf Stromboli mit einer Vulkanbesteigung angekündigt, und mir war auch bewusst, dass sowohl Klara und Claudia als auch Lars und Manuela hauptsächlich deshalb bei mir gebucht hatten. Doch nach einer Stunde Sternegucken und dem letzten Wetterbericht entschied ich mich, eine Planänderung durchzusetzen. Strategische Überlegungen wie beim Schach! 34 °C und Flaute lautete die Prognose für den nächsten Tag, nur in Küstennähe schwache Winde. Ich hatte null Bock auf Stillliegen und In-der-Sonne-Braten. Und auch ohne hellseherische Fähigkeiten war zu ahnen, wie eine Vulkanwanderung unter solchen Umständen enden würde. Da ohne Führer keine Besteigungen möglich sind, müssten wir am Morgen einen Führer für den Nachmittag bestellen, bis dahin wären aber meine lieben Gäste von der Hitze vermutlich so sonnentrunken, dass keiner mehr Lust hätte auf eine Bergtour. Manuela würde eh nicht mitgehen können, ich müsste als Bordwache bleiben, und Werner hatte sofort beim Anblick des Berges signalisiert, dass er keine Lust auf Saunakraxeln habe. Bei Bernard war zu ahnen, dass er im Laufe des Tages ein paar Bierchen trinken und ihm dann ebenfalls die Lust auf eine Nachtwanderung mit Übernachtung auf dem Vulkan vergehen würde. Blieben Bianca, Lars, Claudia und Klara, wobei ich Lars für den Motiviertesten hielt. Aber Lars mit drei Damen eine Nacht lang auf dem Vulkan und ich mit dem kranken oder unleidigen, nörgelnden Rest der Crew an Bord?

Die Kosten für Schäfchenwolken, Wadenkrampf und Schweiß-perlen waren auch nicht ganz klar. Pro Kopf verlangten die Führer 25 Euro ab einer Gruppenstärke von 20 Personen. Je weniger Teilnehmer, desto höher das »Kopfgeld«. Doch erst beim abendlichen Start würde man die Teilnehmerzahl korrekt ermit-teln können. Meist kommen 20 Menschen zusammen, aber wie das bei den momentan tropischen Temperaturen sein würde, wer wusste das schon?

Das Finanzielle machte mir keine Sorgen, ich hatte nur einfach keine Lust, wartend einen Gammeltag zu verbringen. Meine Skipperentscheidung beruhte also ausnahmsweise nicht auf dem Wetterbericht, doch als Alibi-Ausrede kam er mir gerade recht.

Während Lars und Bernard unter Deck ein paar Knabber-kalorien zusammensuchten, verkündete ich oben in der Plicht, dass laut Wetterbericht nach der Flaute ein Sturm aus West aufziehen würde und es damit am nächsten Tag auf See ziemlich ungemütlich und wohl auch für eine Vulkantour nicht passend wäre. Anschließend schlug ich aus seemännischen Gründen einen umgehenden Aufbruch Richtung Festland vor, sozusa-gen einen romantischen Nachtschlag unterm Sternenhimmel bei noch ruhiger See. Ich malte es als sehr angenehm aus, statt anderntags in der heißen Sonne vor der teuren Touristeninsel dahinzugammeln, einen Stadtbummel im nur wenig bekannten Acciaroli im Norden Kalabriens mit Eisdiele und Badestrand zu genießen.

Werner bestätigte umgehend, dass es für Bergtouren viel zu heiß wäre. Und die Damen? Romantik kontra Einkaufsbummel!

Sie waren ebenfalls bereit, auf die Vulkantour zu verzichten. Vergessen der Lockartikel in der Zeitung. Lars und Bernard überraschte ich, als sie mit dem Salzgebäck auftauchten, mit einer angeblich soeben gefallenen Mehrheitsentscheidung zum Nachtschlag gen Festland.

Der Coup gelingt: Bernard wagt zwar noch den Einwand, dass er als kostenloses Souvenir vom Ufer gern ein wenig schwarzen Sand mitgenommen hätte, aber Lars ist offensichtlich ziemlich überrumpelt. Ich lasse beiden keine Zeit zum Nachdenken, sondern leite spontan das Startmanöver ein. Ich bin der Herr und Skipper, manchmal muss das sein!

Sternenklare Nacht, ruhige See, wir tuckern dahin. In sechs Stunden ein Kreuzfahrtschiff, zwei Fischkutter, dazwischen ein guter Schluck Wein und Schweigen. Romantisches Schweigen oder enttäuschtes Schweigen? Man muss nicht immer alles ganz genau ergründen. Bis Mitternacht sitzen wir beisammen, dann gibt es zweistündigen Wachwechsel, ich bleibe zu einem Stand-by-Nickerchen an Deck und übernehme ab drei Uhr die Hundewache allein. Als die Sonne aus dem Meer taucht, tauchen auch meine Chartergäste wieder aus den Kojen auf. Tief beeindruckt vom Farbenspiel der aufgehenden Sonne und dieser Nacht auf See frühstücken wir an Deck. Mitten auf dem Meer. Mit nichts als Wasser rundum. Es sind nur noch 20 Seemeilen bis zum Festland, aber nach dieser Nacht haben meine Chartergäste das Gefühl, »Seeleute« zu sein, und der Gedanke an die entgangene Vulkanbesteigung verblasst.

Am Nachmittag erreichen wir die Hafeneinfahrt von Acciaroli mit ihrer markanten Molenskulptur. Der Hafen ist leider eine einzige Baustelle: viel Lärm, viel Dreck und wegen der Baumaß-nahmen nur wenige Liegeplätze. Der freundliche Hafenmeister verweist uns ans Stegende, Päckchen in dritter Reihe! Dafür gibt es Wasser und Strom umsonst, und sein Bedauern über die im Umbau befindlichen, geschlossenen sanitären Anlagen klingt echt.

»Hey, Leute«, wird Bernard plötzlich munter, »da sparen wir doch glatt 40 Euro Hafengebühren. Da könnten wir uns doch aus der Bordkasse einen schönen Eisbecher im Städtchen leisten!«

Gesagt, getan. Kalabrien, wir kommen. Im Dorf ist noch Siesta, alles wirkt wie ausgestorben. Nur ein einziges Café ist geöffnet und bietet Platz in einem staubigen Hinterhofgarten, doch dort gibt es leckere Cappuccini und super Eisbecher. Wir probieren jeder von jedem die verschiedenen Eissorten, nur Ber-nard schirmt sein Eis gleich demonstrativ mit den Armen nach beiden Seiten ab. Dass er den teuersten und größten Eisbe-cher aus dem Angebot bestellt hat, muss dabei wohl nicht extra erwähnt werden – heute zahlt schließlich die Gemeinschaft!

Acciaroli muss man nicht wirklich gesehen haben, aber die drei Bäcker und ein paar kleine Läden in Hafennähe sind zum Proviantfassen günstig. Gegen Abend belebt sich der Vorplatz am Hafen, und eine Art Kunstmarkt wird aufgebaut, den die hereinkommenden Fischer mit Fischverkauf direkt vom Boot ergänzen. Ein Viertele im Straßenbistro. Und während die Sonne filmreif hinter der Kirche im Meer versinkt und den breiten Strandstreifen in gleißendes Rot taucht, macht sich die halb durchwachte Nacht unserer Überfahrt bemerkbar, weshalb wir ziemlich zeitig zum Schiff zurückkehren und uns schlafen legen.

Oh trügerischer Frieden, er hält konkret bis zum Frühstück am nächsten Morgen.

Lars ist freiwillig zum Bäcker gejoggt und will uns mit frischen Brötchen erfreuen. Mit duftendem Backwerk in den Tüten kommt er zurück an Bord und füllt den Brotkorb mit seiner knusprigen Ware. Zweierlei Brötchen, ein Weißbrot und fünf Croissants. Er hat eigentlich gewaltiges Lob verdient, stattdessen erfolgt sofort ein Angriff von unserem Erbsenzähler. Wer denn die teuren Croissants essen dürfe? Für wen Lars die einfachen Brötchen vorgesehen habe?

Das Argument, dass es die letzten Croissants waren, überhört Bernard gekonnt. Um zumindest sich selbst ein Croissant zu sichern, legte er gleich eins auf seinen Teller.

Wieder reagiert Werner als Erster: »Hast du eigentlich immer noch nicht begriffen, dass das hier ein Segeltörn und kein Cluburlaub ist, wo das Büfett immer nachgefüllt wird? Wirst schon nicht zu kurz kommen!«

Abrupter Stimmungsumschwung, vorbei mit urlaubsmäßiger Sonntagslaune. Schweigend kaut die Frühstücksrunde. Keiner scheint mehr Appetit auf Croissants zu haben, was Bernard, der offensichtlich nix kapiert, zu der Äußerung veranlasst: »Ach so, ihr mögt die wohl alle gar nicht so.« Mit der Bemerkung »Kann ich doch nicht ahnen« greift er sich tatsächlich noch zwei Teile ab!

»Du kannst auch meinen Joghurt haben, ich mag ihn heute nicht«, säuselt plötzlich Werner honigsüß und stellt einen Becher direkt neben Bernards Teller, der ihn tatsächlich gleich öffnet und sein Croissant hineinstupft, um die Reste höchst unfein damit auszulöffeln.

Während Bianca immer kleiner zu werden scheint, kommt unter der Tischplatte eine merkwürdige Art Bewegung auf. Mein Schienbein schmerzt kurz, stechende Blicke, nickende Köpfe, wortlose Verständigung. Alle haben begriffen.

Plötzlich hat jeder irgendetwas übrig.

Ein Stück Melone von Klara, ein Ei von Lars, Claudia gibt an, auf ihr Croissant ebenfalls gern zu verzichten. Ich spende »meinen« Joghurt, und dann landen noch zwei fette Salamischeiben sowie ein Stück Käse, die »es nicht wert sind, in den Kühlschrank zurückgeräumt zu werden«, auf Bernards Teller. Beim Tischabräumen müssen ein paar Trauben unbedingt weg, und Werner bietet ihm grinsend noch einen Müsliriegel mit Schokoflakes als Dessert nach dem Frühstück an.

Bernard schlingt tatsächlich alles in sich rein! Er bemerkt nicht die grinsende Runde um sich herum, die kein Problem damit hat, dass einer allein die dreifache Frühstücksmenge verspeist. Keiner rechnet in Euro, alle wollen ihn bloßstellen. Es gelingt nur nicht recht, denn Bernard macht sich nichts daraus, als Einziger noch kauend am Tisch zu sitzen. Mit dem Argument, »man wird sich doch satt essen dürfen, und ich bin nun mal kein kalorienzählender Modeltyp« beendet er seelenruhig sein Frühstück, während die anderen schon das Geschirr spülen.

Ich bin nicht der Erzieher meiner Chartergäste, leider aber immer wieder der stille Beobachter solcher menschelnden Szenarien. Ich bin auch nur ein Mensch, dem trotz großer Toleranz und Loyalität seine Chartergäste manchmal auf den Wecker gehen. Wind ist gemeldet, gegen Abend sogar Starkwind! Der erhoffte Segelwind in Landnähe.

Wir brechen auf. Zunächst gemütlicher Rückenwind, dann Halbwind parallel zur Küste. Die durchrollende Welle nervt etwas, aber die Stimmung ist, nachdem sich Bernard nach dem reichlichen Frühstück zu einem Verdauungsschläfchen zurückgezogen hat, recht locker. Die Sicht ist gut, und auf der Küstenstraße, die sich durch das hügelige Kalabrien windet, sind sogar die Autos auszumachen. Werner gibt wiederholt ein paar Segelabenteuer von seiner Jolle zum Besten, wobei der Eindruck entsteht, dass das Segeln auf den Berliner Seen erheblich gefährlicher ist als eine Atlantiküberquerung. Kommt wohl auf den Skipper an und vielleicht auch aufs Wetter?

Ich übergebe Bianca das Steuer, um sie auf andere Gedanken zu bringen, sie kann sich einfach nicht davon lösen, sich für Bernards Benehmen zu schämen, und wirkt total verkrampft. Dabei bin ich ganz sicher, dass dieser Segeltörn ihr eine Seite ihres Mannes offenbart, die sie so noch nie erlebt oder bewusst wahrgenommen hat. Jeder spürt, sie würde gern mit dem Rest der Crew über ihn lachen, doch die ehelichen Bande und die Erziehung lassen das natürlich nicht zu! Der Wind frischt immer mehr auf und dreht weiter nach Süd, wegen der sehr ungeübten Crew binde ich zur Vorsicht das erste Reff ins Segel. Bianca steht noch immer am Steuer, sie hat Gefühl für das Schiff. Und ich glaube, das tut ihr richtig gut. Wir machen inzwischen flotte Fahrt und haben etwas Schräglage. Plötzlich kommt Bernard hektisch aus seiner Kabine nach oben geeilt – er presst schon die Hände vor den Mund, und ich schiebe ihn gerade noch rechtzeitig nach Lee, wo er laut röchelnd die Fische füttert.

Auch die anderen sind in der letzten halben Stunde immer stiller geworden, und Claudia und Klara zeigen eine gewisse

Blässe um die Nase. Im Augenblick konzentrieren sich jedoch alle erst mal auf Bernard.

»Bernard, du wirst doch nicht die teuren Croissants ins Meer spucken?«

»Ja, Bernard, da geb' ich dir extra meinen Joghurt, und du fütterst die Fische?«

»Aber Bernard, das ist doch nun wirklich Geld ins Meer geschmissen, so was macht man doch nicht!«

Gruppenerziehung – honigsüße Rache. Er ist fix und fertig, und ich lasche ihn am Heckkorb fest. Die Frotzeleien lassen schnell nach, Bernards Würgegeräusche tragen nicht zur Entspannung bei. Während er sich gerade noch des Müsliriegels und der Trauben entledigt und dann apathisch über der Reling hängen bleibt, fragt mich ein blassgrüner Wannseekapitän, ob man nicht »den Damen zuliebe« die Tour verkürzen könne, während er auffällig konzentriert auf den Horizont starrt.

Eigentlich wollte ich bei dem Traumwind ins 40 Seemeilen entfernte Maratea, doch die Umstände nötigen mich, nun lieber das zwei Seemeilen voraus gelegene Palinuro anzusteuern. Ganze 14 Seemeilen kann ich an diesem herrlichen Tag ins Bordbuch eintragen. Womit habe ich das verdient?

Palinuro: ein Hafen umrahmt von karg bewachsenen Kalksteinfelsen, die Küstenstraße vom etwa fünf Kilometer entfernten Örtchen endet hier in einer Sackgasse. Ein Kiosk und eine Gaststätte. Hinter der Hafenmauer ein kleiner Badestrand für die Einheimischen. Keinerlei Infrastruktur, aber die Polizei steht sofort am Kai und überprüft meine Schiffspapiere und die Crewliste samt Pässen. Als die Herren in Uniform meine leicht grünen Passagiere von Deck wanken sehen, sind sie behilflich. Sie amüsieren sich über meine Crew, die sich umgehend Richtung Unterholz bewegt. Mit mir fangen sie gestikulierend ein langes Palaver an, doch ich verstehe kein Italienisch, und Englisch können die Beamten nicht.

Sie füllen ein Formular aus, auf dem der Schiffsname und die Registrierung vermerkt werden, und drücken es mir in die Hand. Sie reden immer noch heftig auf mich ein, wollen aber keine Gebühren kassieren und lehnen auch ein Bier ab, was mich rat- und hilflos macht. Schulterzucken auf beiden Seiten. Als ihnen nichts mehr einfällt, legen sie einen synchronen, zackigen Militärgruß hin und verschwinden.

Eine tolle Lachnummer – nur leider kein Publikum mehr an Bord!

Da von meiner Mannschaft weit und breit nichts zu sehen ist, unternehme ich allein einen Erkundungsgang. Neben dem Kiosk macht ein kleiner Bootsverleih Werbung. Den Prospekten entnehme ich, dass dieser Hafen zum Nationalpark Cilento gehört und dass sich in der Steilküste vor dem Capo Palinuro sehenswerte Grotten befinden, zu denen von hier aus Ausflüge angeboten werden. Die bunten Werbefotos zeigen Aufnahmen der Silbergrotte, der Blutgrotte und der blauen Grotte, deren Namen von entstehenden Lichtfärbungen herrühren. Vor der Mönchsgrotte, die nach ihren Kalksteingebilden benannt wurde, soll außerdem ein gutes Tauchrevier sein. Unser unscheinbarer Nothafen hat also richtig was zu bieten, leider sind sämtliche Attraktionen natürlich nur bei ruhiger See zu besichtigen.

Während ich mir aus lauter Langeweile einen riesigen Eisbecher gönne, belebt sich das Areal rund um die Kaimauer.

Mehrere Lastwagen mit Stahlrohrgerüsten, ein Autokran und irgendwelche Funkwagen rollen an, ganze Horden von Jugendlichen mit Mopeds kommen die kleine Zufahrtsstraße herunter. Außerdem wimmelt es plötzlich überall von Polizei. Absperrbänder werden über die Straße gezogen, und schon stehen Kontrollposten an allen Ecken. Einer nach dem anderen finden sich meine Crewmitglieder im Eiscafé ein, wo hätten sie auch sonst hin sollen. Lars und Manuela, die nach ihrem Spaziergang eigentlich zum Boot zurück wollten, berichten aufgeregt, dass man ihnen gerade den Zugang zur Hafenmole verweigert hat.

Was geht hier vor? Staatsbesuch am Ende der Welt? Leider findet sich niemand, der so viel Deutsch oder Englisch spricht, um auf unsere Fragen zu antworten. Selbst der Kioskbesitzer zuckt nur bedauernd die Schultern. Wenig später lösen wir das Rätsel selbst. Aus den angelieferten Stahlrohrteilen entsteht eine Bühne, und am Autokran ist man dabei, Scheinwerfer zu montieren, scheint also ein Freiluftkonzert oder eine Theatervorstellung zu werden.

Als wir aufs Boot wollen, folgt die nächste Überraschung. Trotz des vorgezeigten Anmeldeformulars des Hafenmeisters lässt man uns nicht auf die Mole. Dafür werden per Funk die zwei Uniformierten der Polizei herbeigerufen. Sie erkennen mich sofort und salutieren, diesmal eindrucksvoll vor viel Publikum. Wir sollen ihnen folgen, und sie führen uns zu ihrem Baywatch-Schlauchboot, mit dem sie uns quer über die Bucht zu unserer Yacht bringen. Wieder ein militärischer Gruß, dann sind wir uns selbst überlassen. Wir faulenzen an Bord und beobachten von Weitem den Verlauf des Bühnenaufbaus. Ein paar handtellergroße Spiegeleiquallen schwimmen im Hafenbecken, und Werner fängt eine in der Pütz, um die Damen zu beeindrucken und ihnen die Schönheit und die grazilen Bewegungen dieser Tiere vorzuführen. Sein Bemühen zeigt jedoch gegenteilige Wirkung, angeekelt wenden sie sich ab.

Mit Einbruch der Dunkelheit ist der Bühnenaufbau beendet, Musik- und Beleuchtungsproben folgen. Laute Akkorde hallen über die Bucht, und da es inzwischen 20 Uhr ist, gehen wir davon aus, dass das Konzert wohl am nächsten Tag stattfinden wird. Falsch gedacht. Im Schutze der Dunkelheit und des auflandigen Windes haben sich von uns unbemerkt wahre Menschenmassen in der Bucht, auf den umliegenden Hügeln und im Hafenareal versammelt. Als wir gerade unsere Nachtruhe beginnen wollen, dröhnt ein Wahnsinnsgongschlag durch den Hafen, mit dem um 22 Uhr das Konzert startet. Hard Rock und wilde Stroboskopblitze bis ein Uhr morgens! Ein Freiluftkonzert gratis und ohne Kartenstress, freut sich Bernard. Ich kann seine Freude nicht teilen, nennt mich einen Kulturbanausen, mich hat es was gekostet: den Schlaf! Das einzig Schöne sind ein kleines Feuerwerk am Ende der Musikshow und die herrliche Ruhe danach!

Unser siebter Segeltag beginnt mit einem verhakten Anker im Hafenbecken und den entsprechenden Befreiungsmanövern. Ein Fischerboot eilt herbei, und man ist uns behilflich. Zwei Männer werkeln an unserem Anker und der fremden Leine, sie fischen noch einen alten Kanister und einiges Grünzeug, das sich verfangen hat, mit aus dem Wasser und bekommen uns tatsächlich frei. Bis zu den Ellenbogen mit Hafenschlamm beschmiert, aber stolz auf ihre erfolgreichen Bemühungen. Ich bin dankbar für ihren Eifer, der mir viel Arbeit erspart, winke sie heran, schüttle ihnen die Hand und reiche ihnen kurzentschlossen eine Flasche Wein hinüber. Auch das ist für mich Seemannschaft!

Bernards Kommentar »Verschenkt einfach unseren Wein, hätte uns ja auch erst mal fragen können. Er ist schließlich derjenige, der nicht in die Bordkasse einzahlt.«

Es gibt Momente, da könnte ich ins Steuer beißen, doch ich zähle innerlich bis 50 (zehn hätte nicht gereicht) und beschließe, den Satz zu ignorieren.

Später will Bianca wieder ans Steuer, sie hat Gefallen daran gefunden und kommt inzwischen sogar gut mit dem Kompass zurecht. Alle gönnen ihr die Freude, nur ihr Mann verfolgt sie mit bösen Blicken. Er hat zur Erholung seines Magens und zur Vorsicht am Morgen nur Tee getrunken und sich mit Weißbrot begnügt und kümmert sich so weit möglich nicht um seine Mitsegler. Seine Frau steuert das Schiff und hat offenbar kein Problem mit dem Wellengang – alles schwer zu verdauen für den Herrn Lehrer, der sonst im Mittelpunkt steht und das Sagen hat. Bernard und Bianca hatten sich ihren Urlaub bestimmt ganz anders vorgestellt.

Maratea kommt in Sicht. Klara entdeckt die Statue des Cristo di Maratea auf dem Monte San Biagio zuerst. Der Berg, der 624 Meter hoch ist, wird von der 21 Meter hohen Erlöserstatue gekrönt, ein guter Ansteuerungspunkt, für meine Crew hauptsächlich ein super Fotomotiv.

18 Uhr: Wir laufen in den Hafen ein, und ein freundlicher Hafenmeister weist uns einen Liegeplatz zu, bevor er mich per Schlauchboot zum Einklarieren auf die andere Seite der Bucht bringt. Hier trägt man keine weißen Paradeuniformen, doch

ich stelle fest, dass das Turnhemd und die braunen Oberarme des Mannes bei meinen Damen mindestens genauso viel Aufmerksamkeit erregen. Maratea entpuppt sich als typisch süditalienischer Bilderbuchort. Schmale Gassen, hohe Balkone, Straßencafés, blühende Bougainvilleen und Kübelpflanzen an jeder Ecke, und von überall hat man einen super Blick auf das Meer. Die Piazza ist voller Menschen. In den verwinkelten Gassen unzählige kleine Restaurants, perfekt eingedeckte Puppenstuben, deren Speisekarten verlockend wirken. Weniger verlockend sind die Preise. Doch da unsere Bordvorräte ziemlich am Ende sind, beschließen wir, essen zu gehen. Um nicht wieder eine Finanzdiskussion zu entfachen, schlage ich vor, dass sich am besten jeder ein Lokal nach seinem Geschmack sucht und wir uns zur Nacht wieder auf dem Boot treffen! Ich will in Ruhe essen! Am besten irgendetwas mit frischem Fisch.

Lars und Manuela sowie David und Bianca ziehen los. Klara und Claudia fragen, ob sie sich mir anschließen dürfen, was ich aus Anstand natürlich nicht ablehne. Doch ich lege fest: »Jeder isst, was er will, und jeder zahlt selbst!«

Werner, der noch unschlüssig war, macht daraufhin eine galante Verbeugung vor uns und verabschiedet sich mit den Worten: »Mal sehen, was so geht – bis dann.«

Doch erstens kommt es anders und ...

Zweitens sind irgendwie alle Tische in den Restaurants vorbestellt. Die Trattoria direkt an der Piazza wird gerade von einer Hochzeitsgesellschaft gestürmt, deren Gäste laut hupend in glänzenden Cabrios die Serpentine zum Hafen herunterrollen. Auch im nächsten Lokal, wo die Langusten mich appetitanregend aus ihrem Becken anschauen, zuckt der Wirt bedauernd die

Schultern. Na klar, es ist Samstag, und an dem lauen Sommerabend trifft man sich hier in Maratea, dem einzigen Meerzugang der Region Basilikata. Erfolglos durchkämmen wir zu dritt die Gassen und landen zu guter Letzt in einem Gartenlokal. Unsere Bestellung mit Vorspeise und Hauptgang, Scampiplatte und Red Snapper, bringt den Wirt in Schwung. Als Lars und Manuela, die im Ort wohl auch nichts gefunden haben, vorbeikommen, bringt er eilfertig mehr Stühle. Auch bei Werner »ging nix«, denn wenig später gesellt auch er sich hungrig zu uns. Keine Chance für mich auf entspannendes Alleinsein. Doch es läuft harmonisch, der Abend zieht sich in die Länge. Carpaccio, Fischsuppe, Grillsteak und noch zwei Liter vom Hauswein ordert Werner, wir sind gute Gäste und guter Laune, es ist fast wie am ersten Tag.

An Bord zurück finden wir Bernard und Bianca: beim Essen.

»... war alles reserviert im Ort ... haben nichts gefunden ... haben uns halt hier was genommen ... wussten ja nicht, wo ihr seid ... ist doch kein Problem oder?«

Nein, von uns sechsen hat keiner ein Problem, aber wehe wenn ...

»Pssst, mach den schönen Abend nicht kaputt ...«

Und mit dem Hinweis, morgen wird ausgeschlafen, wünsche ich allen zusammen eine gute Nacht!

Sonntag, meine innere Uhr weckt mich pünktlich zehn Minuten vor dem Acht-Uhr-Wetterbericht. Der dritte Tag mit permanenter Schlechtwettermeldung für unser Seegebiet. Beim Blick aus der Luke allerdings weit und breit blauer Himmel und Sonnenschein. Die Sonne hat wohl auch Klara und Claudia rausgelockt, erstmalig lassen sie sich auf der Karte meinen Tagesplan erklären, dann kommen sie auf den Punkt. Ich soll mit dem Auslaufen etwas warten, wenn sie schon nicht auf den Stromboli durften, so wollen sie nun hinauf zum Cristo! Ob wenigstens das zu machen sei? Ein klein wenig schlechtes Gewissen wegen des Vulkans habe ich ja doch im Hinterkopf, und im Grunde ist gegen ihren Ausflug nichts einzuwenden. So lege ich das Auslaufen auf 12 Uhr fest, und schon sind die Damen verschwunden. Da die anderen noch pennen, und wir ohnehin keine Vorräte für ein gutes Sonntagsfrühstück an Bord haben, beschließe ich, wieder das Zentrum aufzusuchen. Irgendwo habe ich dort am Vorabend was von Brunch gelesen. Ich hinterlasse noch eine Info für die Langschläfer und – bin dann mal weg.

Ich bin der erste Gast im Café auf der Piazza. Da der Tag bei den Italienern abends länger dauert, fängt er eben morgens später an. Der Wirt ist, während er die Tische putzt und Sonnenschirme aufspannt, nur für mich da.

»Dem Signore due Ei und uno Cappuccino, Käse und Früchte und alles completto für 9,50 Euro.«

Wir verständigen uns mithilfe der Finger und mit einem Lächeln, und ich genieße eine friedliche Morgenstunde mit einem herrlichen Frühstück. Gegen zehn füllt der Platz sich langsam, und bald taucht auch der Rest meiner Crew auf, um hier zu frühstücken. Ein Sonntagsbrunch im Freien, Urlaubsfeeling, feine Sache, keine Arbeit, alle schwatzen durcheinander. Nur – ja, nur Bernard hat schon wieder was zu meckern. Über neun Euro, obwohl er doch eigentlich nur zwei Brötchen und etwas Marmelade braucht, nein, er will nicht brunchen. Er nimmt das kleine europäische Frühstück für 6,50 Euro, zeigt er dem Wirt auf der Karte.

Weil ich schon fertig bin, erläutere ich, während alle kauen, unsere weitere Route und lege fest, dass noch ein paar Vorräte eingekauft werden. Dann verdrücke ich mich Richtung Schiff, um einen Plan A und einen Plan B für alle Wettereventualitäten zu entwickeln, denn inzwischen fliegen die Wolken in rasantem Tempo am Himmel dahin, und ich befürchte, dass uns nun bald das Starkwindgebiet erreichen wird.

Ein Glücksfall, dass ich rechtzeitig entflohen war, wie sich später herausstellte, doch das hatte mit der Wetterprognose und seemännischer Vorausplanung nichts zu tun. Das Einzige was mir zunächst auffällt, ist, dass meine Leute nach Erledigung der Einkäufe und der Rückkehr sehr einsilbig sind und, wie man so sagt, kein unnötiges Wort fällt. Das ändert sich auch nicht, als Claudia und Klara vom Berg zurückkommen und Fotos vom Cristo rumzeigen. Einsilbiges Abnicken. Plötzliche Aufräuman- fälle in den Kojen. Mittagsschlaf!

Während mir die Mädels beim Ablegen zur Hand gehen, brei- tet sich die miese Stimmung weiter aus. Angst vor dem Sturm?

Ich verkünde laut, dass es bis Cetraro, unserem nächsten Hafen, nur 32 Seemeilen sind. Wir können ihn auf jeden Fall noch vor dem Wetterwechsel erreichen, erkläre ich, und dass ich schon viele Stürme ohne Probleme und Schäden durchsegelt hätte. Keine nennenswerte Reaktion! Ich sollte den Grund des allgemeinen Frusts erst viel später erfahren. Momentan kann ich nur zusehen, wie sich meine Mannschaft auf den 42 Fuß Deckslänge so gut es geht ignoriert.

Claudia und Klara sind irgendwie außen vor, sie richten ein paar Nachmittagshäppchen und kochen Kaffee für alle. Doch weder dieser Service noch ein Badestopp ändern etwas an der miesen Stimmung. Gegen 19 Uhr legen wir in Cetraro an, wo uns der Hafenmeister mit einer langen, holprig deutschen Willkommensrede empfängt, in die seine halbe Lebensgeschichte und die seiner zehn Kinder einfließt und die mit der Frage »du brauchen Quittung?« endet. 30 Euro die Nacht, ohne Stromanschluss, Dusche und WC, aber immerhin gibt es fließendes Wasser aus einem Schlauch am Steg. Unter anderen Umständen hätten wir über seine Geschichte und sein ulkiges Deutsch sicher gelacht, doch unser Bordbarometer steht immer noch auf Frost, auch wenn ich nicht weiß, warum. Schweigend bezahlt Lars. Manuela werkelt schon an den Töpfen, und schließlich kommt Bianca und deckt den Tisch. Während sie das Geschirr zusammensucht, müht sie sich ab, ein kleines Gespräch anzukurbeln.

»Ist doch schön, wenn alle zusammen an Bord essen. Macht auch nicht viel Arbeit, wenn alle mithelfen. Kostet auch nicht so viel wie in den Gaststätten.«

Doch keiner antwortet ihr. Noch fünf gemeinsame Tage bis Samstag!

Dann versuche ich meine Ansage an die schweigende Runde: »Morgen haben wir rund 50 Seemeilen vor uns, ich schaue noch mal wegen des Wetterberichts ins Hafenbüro. Wir wollen etwa gegen 7.30 Uhr ablegen, stellt euch bitte darauf ein.«

Ich mache mich davon. Sollen sie doch ihre Probleme untereinander klären.

Leider ist am anderen Morgen alles noch viel schlimmer. Zwar sind alle zeitig munter und wuseln umher, doch hinsichtlich eines Frühstücks tut sich nichts. Als die Zeit voranschreitet, setze ich selbst Kaffeewasser auf und beginne demonstrativ, den Tisch zu decken, wobei ich beiläufig frage, ob vielleicht noch jemand einen Kaffee mag.

»Nur Kaffee«, tönt es sofort wie aus einem Munde von Claudia, Klara und Werner, und auch Bianca greift sich eine Tasse, nimmt sie aber mit an Deck, um sie »in aller Ruhe draußen zu trinken«. Lars und Manuela sind die Einzigen, die mit mir frühstücken, Bernard brauche, laut Aussage seiner Bianca, »noch ein paar Minuten«.

So locker wie möglich frage ich, was denn eigentlich los sei, und ob es nicht an der Zeit wäre, darüber zu reden.

Doch nur Lars rafft sich zu einer Antwort auf: »Frag David!«

Anschließend ist das Frühstück ziemlich schnell beendet. Zum Ablegen sind alle pünktlich, dann ziehen wir bei schwachen Winden und einem stark bewölkten Himmel freud- und stimmungslos gen Süden. Claudia und Klara wechseln sich am Steuer ab, und Werner lässt sich von mir den Umgang mit Zirkel und Kursdreick erklären, weil sein Segelschein schon etwas länger her sei. Sein Balzverhalten gegenüber den Damen hat er, da wirkungslos geblieben, eingestellt. Grau und fad ist heute das Wetter um uns rum. Grau und fad die Bordstimmung auf unserem Weg Richtung Vibo Valentia. Als David aus seiner Koje kriecht, bitte ich ihn zum dringenden »Bugkorbgespräch«.

Man müsse seine Individualität berücksichtigen, er fühle sich in diesem Urlaub ständig eingeschränkt und beobachtet, und überhaupt könne er von Urlaub und Erholung hier nicht sprechen, außerdem gehe ihm die Schaukelei auf dem Schiff auf die Nerven, und die Idee, seinen Urlaub auf diese Weise zu verbringen, bereue er ohnehin. Sagt er. Auf meine direkte Nachfrage, ob er mir zum gestrigen Tag etwas zu berichten hätte, kommt nur ein abruptes »Nö«, woraufhin er sich abwendet und den restlichen Tag an der Reling hockend mit Bier in der Hand zubringt.

17 Uhr, Bordbucheintrag: »Fest an Muring in Vibo Valentia. 52 Seemeilen, davon 18 unter Segel. Zusatzbemerkung: Crew will getrennt essen gehen und den Ort erkunden, Auslaufbereitschaft für morgen 10 Uhr geplant.«

Inzwischen liegt der Dienstag auch schon fast hinter uns und Tropea zwei Seemeilen voraus. Bei drei bis vier Beaufort und eineinhalb Meter hohen Wellen ist es für meine Crew ziemlich anstrengend. Der Wind kommt von vorn, ich muss gegenan kreuzen und beschäftige die Crew an den Winschen und Leinen. Das gemeinsame Hantieren lockert die Atmosphäre etwas auf, aber »feel good« ist was anderes. Tropea in Sichtweite animiert zumindest die Mädels zu ein bisschen Begeisterung beim Fotografieren, und kaum im Hafen, springen alle von Bord, weil sie den malerischen Ort erkunden wollen.

Auch recht! Ich klare allein auf und weiß so wenigstens, dass alles an seinen Platz kommt. In der letzten Stunde hat der Sturm ziemlich zugelegt, und ich bringe vorsichtshalber noch eine Spring aus, weil die Yacht neben uns recht eng liegt. Dann begebe auch ich mich auf Landgang. Von der Marina aus wandere ich an einem langnadligen und daher kuschelig anmutenden Pinienwald vorbei und steige die lange Treppe hinauf ins Felsenstädtchen. Der Ausblick von der in 35 Metern Höhe gelegenen Plattform an der Steintreppe ist ebenso fantastisch wie vorher der Blick vom Meer aus.

Ich ordne mich wieder ein in die Touristenströme, die durch

die zahlreichen engen Gassen pilgern, werfe abwechselnd einen Blick in die bunten Schaufenster und auf die Auslagen der Straßenhändler und treffe schließlich, bis auf Bernard und Bianca, den Rest meiner Crew in einer kleinen Pizzeria in der Nähe des Marktplatzes. Sie futtern riesige, unwahrscheinlich gut duftende Pizzastücke vom Papiertablett, trinken Bier aus Pappbechern und haben offensichtlich wieder gute Laune. Sie winken mich heran, und obwohl ich eigentlich lieber ein paar Scampi oder einen schönen Fisch gegessen hätte, setze ich mich zu ihnen ins kultige Straßenlokal. Nachdem ich auch einen Pappbecher voll Bier geordert habe, gehe ich in die Offensive und verlange, dass mir nun endlich jemand erzählt, was seit Maratea die allgemeine Bordlaune so runterzieht.

Ein paar Blicke in die Runde, dann rückt der sonst eher schweigsame Lars mit einem Bericht heraus, der einem satirischen Boulevardschwank in nichts nachsteht.

»Das Frühstück auf der Piazza, da wollte Bernard doch nur das kleine europäische Frühstück, weil ihm der Brunch zu teuer war. Hmmm, na ja und überhaupt – also die gute Bianca musste ihm dann noch ein Ei holen und ein zweites Glas Orangensaft und zu guter Letzt noch ein extra Schokocroissant nebst Fruchtsalat. Beim Kassieren, als der alte freundliche Wirt kam, hat er trotzdem darauf bestanden, dass er das kleine französische Frühstück gehabt hätte. In gebrochenem Deutsch hat daraufhin der Wirt Ei, Saft, Obstsalat und Croissant an den Fingern aufgezählt, was schon irgendwie ziemlich peinlich gewesen ist. Da hat David auf Bianca gezeigt und ›Brunch‹ gesagt. Und dass er nur ein kleines Frühstück gehabt hätte. Das wollte er auch noch von uns gegenüber dem Wirt bestätigt haben«, redet sich

Lars nun in Eifer. »Wir rieten ihm, alles zu zahlen und keinen Aufstand zu machen, woraufhin er uns beschimpfte, wir wären keine Crew, sondern gemeine Verräter, aber er hätte eigentlich nichts anderes von uns erwartet.«

»Und dann kam etwas, worauf ich bei Gott gern verzichtet hätte, ich wäre am liebsten im Erdboden versunken, aber Bernard hat so was vielleicht mal gebraucht«, setzt Manuela den Bericht fort. »Also der Wirt, immer noch mit einem Lächeln im Gesicht, rief etwas auf Italienisch in Richtung Küche. Alle anderen Gäste drehten sich zu uns, und dann kam des Wirts Tochter mit einem Fotoapparat zu uns. Gespielt freundlich knickst sie neben David und sagt in einwandfreiem Deutsch: ›Solche Gäste wie dich hatten wir schon einige, wir lassen uns nicht mehr bescheißen. Schau, hier die Fotos. Du zahlst den Brunch, oder ich hole die Polizei‹, und dann zeigt sie uns superscharfe Digitalaufnahmen, wie Bernard ins Croissant beißt, wie er den Saft in der Hand hat und sein Ei und den Fruchtsalat löffelt. So was von peinlich kannste dir nicht vorstellen. Die Einheimischen haben einen Ring um uns gebildet, das war richtig beängstigend, und was die in unfreundlich klingendem Italienisch über uns sagten, möchte ich gar nicht wissen. Für die sind wir alle gleich, die Deutschen – so peinlich! Die Tochter hat uns sogar noch verteidigt, die hat in Heidelberg studiert, und sie sagte, sie wisse ja, dass nicht alle Deutschen so seien, aber bei den Seglern hier käme das öfter vor, und die Wirte wollten sich das nicht mehr gefallen lassen. Die Gegend lebe vom Tourismus, Gäste kämen nur vier Monate im Jahr, und der Preis wäre doch angemessen – als ob sie sich rechtfertigen wollte. Uns hätte sie das nicht erklären müssen! So peinlich«, wiederholt sich Manuela immer wieder.

»Wir hatten schon dreimal Brunch bezahlt, als die Tochter Bernards Rechnung separat hinlegte. Klar, dass das mit dem kleinen Frühstück plus Saft, plus Ei, plus Obstsalat und plus Extra-Croissant teurer war als unser Komplettpreis. 13,30 Euro à la carte statt 9,50 Euro Brunch-Preis, so was weiß doch jeder. Wenn ich nicht an diesem Tisch gesessen hätte, hätt' ich mich über den Idioten kaputtgelacht«, ergreift Lars wieder das Wort. »Am unglaublichsten war, dass David dann immer noch handeln und im Nachhinein den Brunch-Preis bezahlen wollte. Er hat noch eine Diskussion über billigere Lebenshaltung und Wucher in südlichen Ländern angefangen – worauf die Wirtstochter ihr Handy zückte und ganz ruhig sagte, sie rufe eben jetzt die Miliz. Da hat Bernard 20 Euro auf den Tisch geknallt und durfte gehen, aber die anderen Gäste haben ihn und die ganze Gruppe noch ziemlich beschimpft. Peinlichst!«

Klara und Claudia erfahren wie ich auch erst jetzt von dem Vorfall. Stoff für jeden Komiker. Doch wir können die anderen verstehen, die über die Aktion nicht lachen konnten.

Wir sitzen noch lange am Tisch und diskutieren über peinliche Mitmenschen im Allgemeinen und Bernard im Speziellen. Wie wir das Leben mit Bernard noch vier Tage lang aushalten sollen. Wie das Bianca, die ja ganz offensichtlich nicht so veranlagt ist, schon so lange mit ihm aushält. Ob ein Gespräch mit allen zusammen oder mit David unter vier Augen was bringen würde, vor allem wie wir möglichen weiteren Szenen aus dem Weg gehen könnten. Wir kommen zu keinem Ergebnis, und als wir ziemlich spät in der Nacht zum Schiff zurückkehren, schlafen die beiden schon.

Mittwoch, 4.30 Uhr, heftiges Schaukeln des Schiffes reißt mich unsanft aus dem Schlaf. Es regnet in Strömen, über mir tobt der Sturm. Das Tief, von dem die Nachrichten schon seit Tagen sprechen, hat uns nun doch erwischt, aber zum Glück im sicheren Hafen. Ein Kontrollgang ist trotzdem nötig, ich muss wissen, was da oben passiert, und zwar sofort. Also raus aus dem Schlafsack. Rein ins Ölzeug. Auf einigen Booten ist hektischer Betrieb, Fallen schlagen und Wanten singen, vor der Hafenmole donnern die Wellen, als würden Sprengarbeiten durchgeführt. Bei unserem Boot sind alle Leinen und Fender fest und da, wo sie hingehören. Uns kann nichts passieren. Situativ ist trotzdem stand by angesagt.

Um sieben legt der Sturm eher noch zu, der Regen prasselt in unverminderter Heftigkeit vom Himmel, die schwarzen Wolken lassen das Tageslicht nicht durch, und der Wetterbericht, der vor lauter Störgeräuschen kaum zu verstehen ist, ist gruselig. Ich setze Kaffeewasser auf und muss die Herdarretierung lösen, weil wir selbst im Hafenbecken so viele Böen abbekommen, dass sonst alles überschwappt.

Da ohnehin niemand mehr schläft, setzen wir uns in den Salon und lauschen den Geräuschen. Jetzt begreift meine Crew endlich, wie praktisch es wäre, Vorräte an Bord zu haben, denn außer ein bisschen Zwieback, den ich am ersten Tag als Notproviant eingekauft habe, haben wir nichts, was sich als Frühstück eignen würde – und natürlich will bei diesem Wetter keiner freiwillig von Bord, um einen Bäcker zu suchen.

Da es nicht ausschaut, als ob sich das Wetter bald ändert und ich mit Sicherheit auch die wetterfesteste Kleidung habe, und weil ich als Skipper irgendwie auch für so was zuständig bin, biete ich mich als Einkäufer an. Ich habe ja auch Hunger! Als ich gerade die Kapuze zuziehe, trommelt jemand auf unser Deck. Ein paar Männer stehen da, winken aufgeregt und bedeuten mir unmissverständlich mitzukommen. Helfende Hände werden im Areal benötigt. Ein Polizeiboot schleppt gerade ein vollgelaufenes, geborgenes Boot mit Mastbruch von See herein. An der Außenmole schwoien Schiffe. Ein wildes Stakkato von Geräuschen beherrscht den Hafen. Boote krachen gegeneinander, verhakte Riggs, schlagende Segelfetzen, Sturm und Wellen stellen das Orchester. Ein kleines Motorboot treibt herrenlos in den Wellen, was sonst noch alles los ist, kann ich so schnell nicht überblicken.

»Tja also – dann würfelt ihr jetzt mal, wer ein paar Vorräte besorgt, und ansonsten bleibt ihr im Boot, und das ist nun ein echter Skipperbefehl!«

Wir arbeiten in kleinen Trupps, binden Boote ins Päckchen, bringen Zusatzleinen aus und fischen Korbstühle und Mülltonnen aus dem Wasser. Gegen Mittag reißt der Himmel auf, der Regen lässt nach, aber der Sturm wütet weiter. So weit möglich haben wir alles im Hafen gesichert, viele freiwillige Yachties haben mitgeholfen, auch Lars und Werner entdecke ich, als wir nach getaner Arbeit beim Hafenmeister durchnässt und geschafft zusammenkommen. Dieser bedankt sich bei jedem Einzelnen, schüttelt viele Hände und verteilt kostenlose Duschmarken. Gleichzeitig gibt er bekannt, dass der Sturm laut Vorhersage noch zwei Tage dauern wird und er davon abrät, den Hafen zu verlassen.

Schulterklopfen auch zwischen Werner, Lars und mir, dann duschen wir uns warm und kehren zum Schiff zurück. Die Frauen waren tatsächlich inzwischen beim Einkaufen, sie überraschen uns mit Nudelsalat, Steaks und Kaffee. Irgendwie ist jeder stolz auf jeden.

Nur Bernard und Bianca fehlen.

»Die sind zum Einkaufen aufgebrochen, weil sie hier ja nichts machen können, und wollen auch im Ort essen«, berichtet Manuela.

»Die sind immer noch sauer«, ergänzt Klara.

Die beiden als psychologisches Dauerthema? Nein, darauf habe ich jetzt wirklich keine Lust mehr, und so schlage ich in Anbetracht unserer kurzen Nacht und der Action ein Mittagsschläfchen vor.

Beim Nachmittagskaffee sind auch Bernard und Bianca wieder an Bord, und obwohl sie aller Unbill aus dem Weg gegangen sind, sind sie mies drauf. Unsere Diskussion dreht sich um die Erlebnisse des Morgens und den Sturm, sie können nicht mitreden, haben sich nun vollends ins Abseits manövriert. Bianca übernimmt immerhin den Abwasch, während Bernard in seiner Koje verschwindet. Ans Auslaufen ist nicht zu denken, und so pilgern wir noch mal in den Ort. Auch der Donnerstag wird wegen unverminderten Starkwinds zum Hafentag. Zeitlich ist das kein Problem für uns, am Freitag soll es besser werden, und die 80 Seemeilen zur Ausgangsmarina können wir bis Samstagabend locker schaffen.

Was sollen wir unternehmen? Werner ist ein Plakat aufgefallen, DJ-Irgendwer & Band laden zur Disconacht auf dem Zeltplatz ein. Na, warum eigentlich nicht!

Bretterboden über matschigem Untergrund. Lange Biertische, bunte Lampenketten. Die Band gibt sich Mühe, mit Evergreens und Schmusesongs den ums Zelt heulenden Wind zu übertönen. Von den anderen Crews aus dem Hafen sind auch einige da. Das Thema Sturmaktion verbindet, wir stellen uns gegenseitig die Crewmitglieder vor. Smalltalk betreffs woher und wohin, später weinselige Einigkeit, Hochbetrieb an der Bar, und ineinander verschlungene Pärchen. Während ich mich mit einem anderen Skipper über günstige Häfen und Ähnliches unterhalte, kommen Klara und Claudia kaum noch von der Tanzfläche runter, auch Lars und Manuela tanzen. Werner steht schon seit längerer Zeit mit Bianca an der Bar. Bernard hockt als Einziger noch am Tisch, hat ganz offensichtlich ein paar Bier zu viel und grölt, laut und falsch, die Songs mit. Mir ist es schon wieder peinlich, dass er zu meiner Crew gehört, wie muss sich erst Bianca fühlen? Nachdem er mit einer ausholenden Bewegung ein Bier umgekippt hat und schon im Sitzen ziemlich schwankt, biete ich ihm an, ihn zum Boot zu bringen. Verblüffenderweise ist er einsichtig, will aber alleine gehen. Auch recht!

Irgendwann später brechen auch Lars und Manuela auf. Werner tanzt noch mit Bianca, und meine beiden Damen wollen ebenfalls bleiben. Warum nicht. Doch eindringlich erkläre ich ihnen, dass wir spätestens um zehn Uhr ablegen müssen, dass es eine unruhige See geben wird und zu viel Alkohol also nicht ratsam ist!

Freitag, 8.30 Uhr, mein Handy piepst mich munter. Werner neben mir fehlt, ist wohl schon zu den Duschen gelaufen, hab' ihn nicht gehört, hab' wohl ziemlich fest geschlafen. Das Wetter sieht gut aus, die Sturmfront hat abgedreht, draußen steht zwar immer noch eine ganz schöne Welle, aber wir können weiter.

Als ich vom Duschen zurückkomme, pennt die Crew immer noch. Tanzen scheint anstrengend zu sein. Sieht nicht so aus, als ob demnächst jemand aufstehen wird. Werner ist auch noch nicht wieder da. Wo der nur bleibt? Sobald er kommt, werde ich ablegen, jede Seemeile Richtung Ausgangsbasis zählt! Ich brühe mir schnell ein einzelnes Tässchen Kaffee auf und lasse mich am Kartentisch nieder, um – und dann verschlucke ich mich fast am Kaffee. Auf dem Kartentisch liegt ein Zettel für mich.

Hallo Skipper!
Bin mit Bianca von Bord gegangen, sie will ihr Leben ändern, und ich werde ihr dabei helfen. Sucht uns nicht und wartet nicht auf uns, wir werden auch nicht zum Flughafen kommen.
Bitte habt Verständnis.

Werner und Bianca

Ich starre auf den Zettel und danach in Werners Schrankhälfte. Leer, alles weg! Bad? Natürlich auch leer, logisch! Wie fest habe ich geschlafen, obwohl ich doch sonst jeden Windhauch registriere? Aber die Aktion hat was!

An Deck ein Rundumblick – niemand! Auch logisch, wenn die das ernst meinen! Was tun?

Erst mal leise in die anderen Kojen schauen. Alkoholhaltige Luft und unrhythmisches Schnarchen bei Bernard, Tiefschlafphase bei Claudia und Klara. Lars und Manuela heben verschlafen die Köpfe. Ablegen? Ja klar, wir kommen gleich!

»Keinen Stress, ich mach' das schon!«

Ich lege allein ab, muss erst mal meine Gedanken ordnen und genieße die Ruhe an Deck. Die Flüchtigen sind freiwillig und heimlich ausgestiegen. Sind ja erwachsene Menschen! Hat Bianca auch alles mitgenommen? Was geht's mich an, ihr Mann ist ja noch da! Wie wird der das auffassen? Hauptsache, er dreht nicht durch und verursacht Schaden. Werde ihn im Auge behalten müssen! Bianca und Werner? Für Bianca ein Wechsel vom despotischen Geizhals zum prahlerisch veranlagten Junggesellen? Oder nur Mutphase nach Alkoholgenuss und angenommene Schützenhilfe? Geht mich eigentlich auch nichts an, werde ich ja irgendwann erfahren! Oh wunderbar beständiges Meer, oh klare Seeluft. Die Segel stehen super, mein Zeitplan passt, was will ich mehr! Zwei wundervolle Stunden genieße ich einsames Segelfeeling und harre der Dinge, die da kommen werden. Die Nachricht von unseren Aussteigern lege ich mitten auf den Salontisch. Jeder, der aufsteht, muss sie sehen.

Claudia und Klara sind kurz vor elf die Ersten, die aus den Kojen krabbeln, und nur wenige Sekunden später stehen sie neben mir.

»Hast du das gelesen? Ist das wahr? Wo sind die hin? Hast du das gewusst? Was machen wir jetzt?«

Viele Fragen, keine Antworten.

»Wie jetzt?«

»Na, wie wohl? Wie es auf dem Zettel steht. Wir machen uns keine Sorgen und haben Verständnis«, gebe ich mich cool.

Die entstandene Unruhe hat auch Lars und Manuela an Deck gelockt. Gleich hinter ihnen taucht Bernard auf.

»Hey, Leute, hab' ich das Frühstück verschlafen?«

Alle Blicke richten sich auf ihn, der nun wieder David genannt wird und dem es nicht gleich auffällt, dass hier zwei Personen fehlen. Klara drückt ihm den Zettel in die Hand.

Seine Reaktion: »Die spinnt doch!« Erst dann wird ihm das Groteske der Situation bewusst. Ungläubig schaut er sich an Bord um, ruft seine Frau und kontrolliert die Toiletten. »Kein Scherz?«, fragt er dann leise und erst jetzt richtig begreifend.

Nein, kein Scherz! Wir sind nur noch zu sechst an Bord! Kopfschütteln, Kopfnicken, Schweigen! Lars holt David ein Bier, und dieser sinkt still vor sich hin starrend auf die Cockpitbank. Die anderen holen erst mal ihre Morgentoilette nach, diskutieren untereinander die neue Situation, räumen ein wenig auf und diskutieren weiter. Der Ratlosigkeit wegen fällt auch das Frühstück aus, lediglich Kaffee wird herumgereicht.

Dann wird David die Situation langsam klar. »Ihr habt das alle gewusst? Wo sind die hin? Ihr steckt doch alle unter einer Decke. Ihr habt sie aufgehetzt! Warum tut sie das? Das kann sie doch nicht machen. Was heißt: Kommt nicht zum Flughafen? Will die in Italien um Asyl bitten? Diesen Werner, den werd' ich verklagen! Die werden schon sehen. Ich lass' mir das nicht gefallen!«

Verbaler Aktionismus, denn während sein Mundwerk pausenlos arbeitet, hockt er noch immer in resignierter Haltung bewegungslos in der Cockpitecke. Immer noch im Schlafanzug, nur die Bierdose ist inzwischen leer.

Manuela versucht, ihn zu beschwichtigen, und ich versichere mehrmals, dass wir nur den Zettel und ansonsten keine Informationen haben. Sein Verhalten schwankt zwischen Jammern, anklagenden Flüchen und völlig zusammenhanglosen Statements. Aber die Situation ist ja auch nicht alltäglich. Dass ihm das an die Nerven geht, ist verständlich, aber für uns ist die Situation auch ziemlich blöd. Man soll ja Menschen, die ihr Leben ändern wollen, nicht im Weg stehen, aber ehrlich gesagt: Den Zeitpunkt hätte Bianca besser wählen können. Was mache ich nun mit diesem jammernden Wrack?

Manuela drängt ihm einen Kaffee auf und redet ihm gut zu, eine ihrer Beruhigungspillen zu nehmen; insbesondere weil der Seegang doch heftig und David ja nicht ganz seefest sei. Wie ein Kleinkind lehnt er sich bei ihr an, schnieft ein wenig und schluckt dankbar alles, was sie ihm hinhält, während sie ihm sanft übers Haar streichelt. Weibliche Taktik, Mamasyndrom? Wenn's hilft!

Wir sind kurz vor der Einfahrt zur Straße von Messina, es ist ziemlich viel Schiffsverkehr, meine ganze Aufmerksamkeit gilt jetzt seemännischen Dingen. Plötzlich sackt der gerade noch vor sich hin brabbelnde David in sich zusammen. Was ist los? Herzinfarkt wegen seiner durchgebrannten Frau? Mir bleibt heute nichts erspart!

Doch Manuela gibt Entwarnung: »Na endlich! Ich hab' ihm zwei Schlaftabletten gegeben und eine dritte in den Kaffee, dachte, das ist die beste Lösung!«

Gute Idee, coole Sache.

»Mensch, Manu, du hast's drauf«, bekommt sie Zustimmung, dann schleppen die Männer David nach unten in die Koje.

Manuela – die Familienmanagerin mit Überblick, Courage und den richtigen Mitteln im richtigen Moment? Fragt mich mal einer? Hab' ich auf diesem Schiff eigentlich auch was zu sagen? Nun ja, ein Problem weniger! Während wir dahinsegeln, diskutieren wir das Wenn und Aber der Beziehung zwischen

David und Bianca, was aus denen nun werden wird, und welche Rolle Werner dabei spielt. Doch alles ist hypothetisch, nur David und unser Törnende sind ziemlich real. Capo Milazzo Backbord querab, bei flottem Wind, mit einem Reff im Tuch erreichen wir spät am Abend unseren Ausgangshafen. Das Abendessen fällt aus, der harte Seegang und die lange Disconacht fordern ihren Tribut, auch das Theater mit und um David trägt wohl zur Appetitlosigkeit bei. Ein Müsliriegel, ein Dosenbier, dann sind Waschraum und Koje die letzten Programmpunkte. Mitternacht ist nah!

Am Morgen Schiffsrückgabe, Aufräumarbeiten, Koffer packen. Die Damen suchen Davids Sachen zusammen, dessen Schlafmittel immer noch wirkt. Als alles fertig ist, schleppe ich David gemeinsam mit Lars zum Waschraum, um ihn munter und einigermaßen landfein zu bekommen. In der Taxe zum Flughafen wird er endlich richtig wach, und die Diskussion und Fragerei beginnen von vorn. Doch wir haben nach wie vor keine Antworten für ihn. In dieser Situation bin ich sehr froh, dass David und Bianca eigene Tickets und damit eine andere Maschine gebucht hatten. Unser Flug wird aufgerufen. Wir verabschieden uns kurz, checken ein und lassen alle Probleme hinter uns.

Der Vollständigkeit halber möchte ich noch die E-Mail anhängen, die mich knapp vier Wochen später zu Hause erreichte.

An: Skipper
Cc: Claudia, Klara, Lars
Betreff: Grüße aus Berlin

Hallo Freunde,

im Anhang ein paar von meinen Bildern, die alle super geworden sind und die ich Euch nicht vorenthalten möchte. Ich hoffe, Ihr hattet durch unseren heimlichen Abgang nicht allzu viele Unannehmlichkeiten. Bianca und ihr Mann, das war doch nicht zum Aushalten! Ein paar Gläser Sekt an der Bar halfen ihr, ihre Lebenssituation klarer zu sehen. Der Entschluss, noch in der Nacht zu verschwinden, war die Folge und wohl Biancas einziges Abenteuer in ihrem Leben. Ich habe sie mit nach Berlin genommen und sie mal richtig am Großstadtleben und überhaupt am Leben teilhaben lassen. Wir hatten nette Tage, aber im Endeffekt waren unsere Discos, der Potsdamer Platz, die U-Bahn, die Kaufhäuser und alles, was das Leben lebenswert macht, der kleinen schwäbischen Landfrau wohl zu viel. (Und mir die ewigen Diskussionen und Gespräche zum Thema David.) Meine Bude hätte locker für uns zwei gereicht und war selten so gut geputzt wie in diesen Tagen, auch der Herd wurde endlich mal richtig genutzt – aber als Mann hat man auch noch andere Bedürfnisse, und da war sozusagen der Lack schon nach drei Wochen ab. Letzte Woche stand dann plötzlich David mit seinem Mercedes vor der Tür, und sie ist ihm heulend in die Arme gefallen. War wohl die beste Lösung! Ruft mich an, wenn Ihr mal wieder einen guten Mitsegler braucht.

Schöne Grüße vom Mittelpunkt der Welt
Euer Werner

Landgang

Auch als echter Homo sapiens sailensis kann man nicht seine ganze Freizeit auf dem Wasser verbringen, was aber nicht bedeutet, dass man nicht auch an Land lustige Geschichten rund ums Segeln erleben kann. So zum Beispiel mit meiner Tante Irmi im Seglerladen ...

Tante Irmi: Der Name gilt im Kreise meiner Verwandtschaft als Garantie für gewaltigen Unterhaltungswert, jede Menge Abwechslung und – im krassen Gegensatz zum eher konservativen Familienclan – auch für Power und Aufregung. Das heißt, für Tante Irmi ist das Leben interessant und chancenreich. Sie ist ein optimistischer Typ, gesellig und immer bereit, auf Unerwartetes spontan und einfallsreich zu reagieren. Zweimal geschieden und ein paarmal umgezogen, hat sie stets sofort wieder Anschluss gefunden und kam dank ihrer Wissbegier und Kontaktfreudigkeit im neuen Umfeld auch immer schnell zurecht. Inzwischen im Vorruhestand angekommen, will sie natürlich nicht ruhig zu Hause sitzen, und so hat es sich ergeben, dass einer ihrer Freunde sie stundenweise als Aushilfsverkäuferin in seinem Segelshop beschäftigt.

»Jungchen, das hat sich prima gefügt«, berichtete sie mir stolz. Segeln sei noch immer ihr Hobby, und im Laden könne sie hören, was den Seglern so alles zustößt, während sie auf ihren Booten rumbasteln, und im Hafen während der Arbeit das Wasser riechen. »Das ist perfekt für mich, mein Junge«, schwärmte sie mit glänzenden Augen.

Auch nimmt sie immer mal wieder einer der Kunden nach Feierabend zum Segeln mit, und sie überlegt nun schon, ob man »das« nicht ausbauen könnte.

Eine Menge Begebenheiten aus ihrem Laden wusste sie zu berichten und war gar nicht erfreut, dass sie ausgerechnet zur Arbeit musste, als ich endlich einmal für sie Zeit hatte. Doch typisch für meine Tante wurde sofort ein Plan B gefasst, und ehe ich mich versah, saß ich neben ihr hinter der Ladentheke zwischen Ölzeug, Bootsschuhen und tausend Kleinigkeiten aus blinkendem VA-Stahl.

»Wirst sehen, wir haben auch hier unseren Spaß.«

Sie zwinkerte mir zu, denn da rollte er auch schon an: der Spaß in Form einer Familie mit vier Kindern, die für ihren jüngsten Spross, der noch im Sportkinderwagen saß, eine Schwimmweste erstehen wollte. Während Tantchen ihr Verkaufsgespräch führte und dem molligen Youngster einige mehr oder weniger passende Schwimmwesten anprobierte, durchwühlte der ältere Junge den gesamten Flaggenbestand, um dann mit der größten Deutschlandfahne in der Hand hinter dem Regal hervorzuspringen. Der zweite Sohn bestaunte die »goldenen« Nebelhörner, sodass der Familienvater ihm unglücklicherweise riet hineinzupusten. Während bald auch die anderen beiden Kinder mit vollem Lungeneinsatz tuteten, bezahlte die Mutter die Einkaufsbeute und versuchte, das laut kreischende Baby zu beruhigen. Wegen des Höllenlärms begann der Hund eines gerade eintretenden Kunden zu bellen, was glücklicherweise die Familie aus dem Laden vertrieb.

Na, so was – als Käufer oder ersatzteilsuchender Bootsbesitzer hatte ich mir nie Gedanken darüber gemacht, wie sich Leute in einem Segelbedarfsladen benehmen. Der Hundebesitzer erwarb nun in aller Eile zwei Büchsen Politur für sein Kunststoffschiff und nahm auch noch ein Mittel gegen die schwarzen Streifen von Besucherschuhen auf dem vorher blütenweißen Kunststoffdeck mit. Tantchen grinste mir zu und begrüßte schon den nächsten Kunden, der einen »navigatorischen Entfernungsmesser« erwerben wollte. Sie mühte sich ab, ihn zu überzeugen, dass man auch heutzutage noch mit Fernglas, Seekarten und Kompass arbeitet und sie kein anderes Gerät kenne, doch er wollte »so ein Dingsda, wo man nur durchschaut und die Entfernung gleich ablesen kann«. Das Gespräch drehte sich im Kreis, und der Mann wurde richtig sauer, als ihm Tantchen nicht einmal einen Prospekt von derartigen Geräten mitgeben konnte. Schließlich, ich traute meinen Ohren kaum, hatte meine Tante einen Einfall: In der Nachbarstadt gebe es ein Elektronik-Fachgeschäft, die hätten immer die neuesten Artikel, und wie sie gehört hätte, gäbe es dort sogar »rechtwinklige Augenmaße«. Da solle er doch einmal nachfragen, dort wüsste man sicher Rat. Und mit einem »Na also, es geht doch« verließ der Kunde besänftigt den Laden. Vermutlich hatte er irgendwo etwas über diese Infrarot-Minipointer-Entfernungsmesser aufgeschnappt, doch arbeiten die markttauglichen Geräte bisher nur im Bereich von drei bis zehn Metern und sind für die Seefahrt ohnehin nicht tauglich, da auf schwankenden Planken nicht einsetzbar. Vielleicht wird das was in zehn Jahren oder schon in fünf, die Technik geht ja schnell voran, aber so lange wollte sich Irmchen mit dem hektischen und außerdem sehr unangenehm riechenden Kunden nicht beschäftigen.

Dann kauften zwei Damen einen Vierersatz Decksdurchführungen in Teakholz als Eierbecher, und wenig später ging der gleiche Satz in Geschenkpapier als Serviettenringe über den Ladentisch.

»Zwei Ladenhüter, auf denen ich nun nicht mehr Staub wischen muss«, grinste Irmi.

Ich kam aus dem Staunen nicht raus und bewunderte meine Tante immer mehr. Schnell wog sie auf einer Briefwaage für einen Kunden sämtliche Ausführungen der angebotenen Brummelhaken ab. Für Regattateilnehmer zählt jedes Gramm, erklärte der Käufer und notierte sich die Zahlen. Die Unterschiede waren gravierend! 18 Gramm der leichteste und 35 Gramm der schwerste Haken, und das dann mal zwei! Da man ja auch die Zugkräfte bedenken muss, wählte er, nach fast 20-minütigem gründlichem Nachdenken und mehreren Wanderrunden durch den Laden, schließlich die mittlere Hakengröße und machte sich schweren Herzens mit dem Gedanken vertraut, das Gewicht seines Bootes um satte 50 Gramm zu erhöhen. Ich lachte immer noch, als ich den besessenen Regattafreak wenig später mit einer Bratwurst in der Hand am Laden vorbeilaufen sah. Ob er die wohl auch gewogen hatte? Gibt es nicht auch Regatten, bei denen das Crewgewicht nachgeprüft wird?

Das Sortiment im Laden war wirklich bunt. Jemand wollte einen Rettungsringhalter an der Reling montieren.

Problem: »Die Halterung ist irgendwie quer.«

»Männer und Technik!«, stöhnte Tantchen und erklärte dem Kunden, dass die Bohrungen auf der Halterplatte extra so versetzt seien, damit man bei der Montage variabel ist, und er die Platte zur Verschraubung nur jeweils ein Loch weiterdrehen müsse, um den richtigen, zu seinem Boot passenden Winkel zu bekommen. Kaum dass er die Funktionsweise begriffen hatte, drängte er mit einem »Ja – ja – ja« zur Kasse, um schnellstmöglich zu entschwinden. Schon während der Erklärung hatte er mehrmals in meine Richtung geblickt, es war ihm offensichtlich mehr als unangenehm, dass er sich die Montage erklären lassen musste. Von einer Frau! Der Typ schien zu der Kategorie Mann zu gehören, die heute noch glaubt, Frauen hätten prinzipiell keine Ahnung von Technik.

Inzwischen trat bereits ein seriös aussehender älterer Herr mit Perücke genervt von einem Bein aufs andere. Er hätte ja Zeit und wäre auch im Urlaub, sagte er, aber er müsse jetzt mal schnell zwischenrein fragen, ob man ihm vielleicht seine Petroleumlampe umtauschen könne, die er letzten Herbst hier gekauft habe und aus der das Öl auslaufe. Ein Pole wollte eine Travellerschiene, die man nicht verschrauben muss, sondern aufkleben kann – er war dabei, ein Rigg auf sein Gummiboot zu bauen! Ein Pärchen kam in Badekleidung und noch ein wenig tropfend vom Hafen herüber und wollte sich über die Möglichkeit des Einbaus einer »Rollgroßanlage« informieren. Sie hätten jetzt den Segelstress satt und wollten ein bisschen Luxus auf ihrem Boot – einer 5,70-Meter-Albatros!

»Erst müsst ihr euch trockenlegen, dann könnt ihr noch mal reinkommen«, wurde meine Tante energisch, Pfützen seien im Laden nicht erwünscht. »So viel Zeit wird ja wohl sein!«, damit jagte sie die beiden vor die Tür und grummelte vor sich hin, dass sie sich nicht zur Putzfrau machen lasse von Leuten, die keinen Anstand hätten.

Nach all diesen Erlebnissen wunderte es mich auch nicht mehr, dass der nächste Kunde einen Südwester – das ist ein hinten breitkrempiger Hut, der verhindern soll, dass dem Träger bei Sturm und Regen das Wasser in den Kragen läuft – mit der Nackenverlängerung nach vorn aufprobierte und dass jemand einen Kompass nicht kaufte, weil dieser offensichtlich kaputt sei und immer in dieselbe Richtung zeige. Zwei Winschkurbeln, ein Eimer und ein Bootshaken wurden nur verkauft, weil die komplette Originalausstattung im Wasser das Weite gesucht hatte, und ein neues Paddel wurde geordert, weil das alte abgetrieben war. In der Ecke probierten ein paar Teenies die Ausreithosen und laschten sich provisorisch an den extra dafür angebrachten Leinen fest, um eine möglichst realitätsnahe Haltung einnehmen zu können. Dabei stellten sie fest, dass bei entsprechender Zugrichtung ihre edlen männlichen Teile wohl arg gequetscht würden, und erklärten die Hosen kurzerhand zum Damenmodell.

»Wohin reitet man denn mit diesen Hosen?«, fragte die kleine Schwester des einen Jungen und brachte alle zum Lachen.

Mit der Erklärung taten sie sich trotzdem schwer. »Eine Ausreithose dient dazu, sich mit den Gurten am Mast einzuhängen, um auszureiten«, sagten sie.

Sie blieb hartnäckig: »Ausreiten ohne Pferd?«

»Das sagt man nur so. Wenn es schöne Wellen hat, ist das Segeln auf einer Jolle wie reiten, und wenn das Boot vom Wind auf die eine Seite gedrückt wird, muss man sich weit auf der anderen Seite aus dem Boot lehnen oder sogar über Bord hängen und die Füße an der Bordwand abstemmen, um Gewicht und Geschwindigkeit zu machen. Und die am Mast mit Gurten eingeklickte Hose hält einen fest und verhindert, dass man ins Wasser fällt«, ergänzte nun ihr Bruder bereits etwas ungeduldig, »das ist dann fast wie fliegen.«

Sie verstand es noch immer nicht. »Fliegen mit einer Gummi-reithose auf dem Wasser? Ich will lieber ein Pony. Segeln ist doof«, fasste die Kleine zusammen und stapfte aus dem Laden.

Überhaupt amüsierte ich mich prächtig über die Verren-kungen, die die Leute machen, wenn sie Ölzeug oder Schuhe probieren. Außerdem legte ich in Gedanken eine Strichliste für den Ausdruck »Ding« an. »Ein Ding für die Persenning«, »ein Ding zum oben eine Leine durchziehen«, »ein Ding, so aus Metall, für das Bändsel am Flaggstock« und »ein Ding, damit die Mastrutscher nicht rausfallen«. »Ein Ding zum Gucken, woher der Wind weht«, »ein Ding für den Schlüsselbund, damit er nicht im Wasser absäuft«, »ein Zwischending für den Schuko- und den Eurostecker« und »einen Poppel für hinten, um ihn unten in den Laser zu stecken«. Waren das die Superskipper mit ihren tollen Yachten und den Wahnsinnsstammtischgeschichten von hohen Wellenbergen und überstandenen Seeabenteuern, die beim Kauf einer Seilklemme schon ins Stottern gerieten? Die Regattasegler, die vor Freizeit- und Tourenseglern gern so taten, als hätten sie den Segelsport samt Equipment persönlich erfunden? Dabei ist es doch so einfach, in Katalogen oder im Internet wegen der Fach-begriffe nachzuschauen, wenn man sich nicht blamieren will.

Darüber hinaus tauchten dann noch diese arroganten Art-genossen auf, die schon dicht hinter der Türklinke fragten, ob denn niemand im Laden sei, und mein Tantchen ignorierten.

»Nein!«, antwortete sie.

Einige besaßen gar die Dreistigkeit zu fragen, ob es denn hier keinen »ordentlichen männlichen« Berater gebe. Offensichtlich gingen sie davon aus, dass eine Frau generell Backbord und Steuerbord nicht unterscheiden könne und deshalb hinter dem

Ladentisch eines Segelshops nichts zu suchen habe. Solche Kunden ließ sie einfach im Laden auf der Suche nach ihrem Dingsda herumirren.

Da kam genau im richtigen Moment eine gut gebaute 20-jährige blonde Jane hereinspaziert, verlangte kurz und knapp eine 16er-Rohrschelle, ein Paket 23er-Ringsplinte und eine liegende Umlenkrolle für ihre Acht-Millimeter-Reffleine. Welch ein Triumph der Emanzipation! Ich dachte sofort darüber nach, sie mal zum Segeln einzuladen!

Als Nächstes fragte eine Familie nach Schwimmwesten. »Wie automatisch sind diese Automatic-Westen? Und wie funktionieren die genau? Hängt da etwa mein Leben an einer kleinen Tablette? Und wenn ich das Ding ausprobiere, dann geht es hinterher nicht noch mal, ohne dass ich eine neue Tablette brauche?«

Geduldig erklärte Tantchen: »Die Automatic funktioniert mithilfe einer kleinen Tablette, deren Hauptbestandteil Zellstoff ist. Dieser Zellstoff zersetzt sich bei Kontakt mit Wasser – also nachdem Sie über Bord ins Wasser gefallen sind. Bei der Zersetzung wird ein gefederter Bolzen frei, der durch die Federkraft als Dorn in die eingebaute CO_2-Patrone eindringt und diese öffnet. Das unter hohem Druck stehende Kohlendioxid entweicht in die Rettungsweste und bläst diese sekundenschnell auf. Alle Westen funktionieren nach demselben Prinzip, und alle haben selbstverständlich noch ein Blasröhrchen zur manuellen Bedienung. Die Preisunterschiede liegen in der Größe, die dem Körpergewicht des Benutzers angepasst sein muss, sowie in der weiteren Ausstattung mit Blinklicht, Reflektoren, Sicherheitsgurten oder Kapuzen.«

Das Beratungsgespräch endete mit dem Kauf der Weste, und im Anschluss machten sich alle auf zum Hafenbecken. Wir beobachteten, wie die Kamera fürs Homevideo bereit gemacht wurde, und unter den Blicken einiger Schaulustiger sprang das Familienoberhaupt mit der neuen Weste ins Wasser. Kurz darauf kletterte Vati triefend und schnaufend mit dem aufgeblasenen Teil um seinen kostbaren Oberkörper und begleitet vom Gelächter der Zuschauer wieder an Land. Hatte die kleine Tablette doch tatsächlich getan, was von ihr erwartet wurde! Vergnügt lächelte auch Tantchen vor sich hin, legte eine Nachfüllpatrone zurecht und verbuchte einen weiteren Umsatz. Ein altes Sprichwort sagt: Dummheit hat ihren Preis – und diese kostete 14,80 Euro.

Dann verkaufte sie in loser Folge einen Teleskopzahnputzbecher, sich schnell auflösendes Toilettenpapier, eine Handyhalterung in Teakholz und ähnlich unerlässliche Dinge für den perfekten Segeltörn.

»Ach, ist das toll! Ja, ist die schön und weiß wie dein Fell, heute ist unser Glückstag, Leonardo, ja, so was such' ich schon lange!«, unter diesem Redeschwall trippelte eine rüstige Rentnerin samt ihrem Dalmatiner in den Laden und fragte schüchtern, ob sie auch hier kaufen dürfe, sie sei ja gar keine Seglerin. Aber so eine schöne Jacke und passend zum Hund, ja so ein Zufall, und auch noch genau ihre Größe ... Wasserdichtes Ölzeug zum Spazierengehen mit ihrem Liebling bei jedem Wetter, und der kleine Leonardo mache dann Partnerlook mit ihr – ja so ein Zufall aber auch! Glücklich, dass sie tatsächlich im Segelshop kaufen durfte, bezahlte sie die Jacke und ließ dann gleich mal den Hund dran schnuppern, damit er sich auch freuen konnte.

Am liebsten hätte ich ihr geraten, sich auch noch die Dalmatinertupfen auf die Jacke zu malen, aber ich war schließlich hier nur Zaungast und hatte auch so schon genug damit zu tun, nicht in schallendes Gelächter auszubrechen!

»Some paper«, wollten zwei englisch sprechende Zeitgenossen, doch schüttelten sie die Köpfe, als sie zum Zeitungsregal geführt wurden. Die Einsicht, dass ihr Englisch schließlich auch nicht so perfekt sei und doch kein Mensch alle Segelfachausdrücke in einer fremden Sprache wissen könne, macht Irmi immer sehr zuvorkommend und hilfsbereit im Umgang mit den Ausländern. Als wir aus dem englischen Redeschwall das Wort »painting« heraushörten und die beiden zu den Farbtöpfen führten, kamen wir dem Wunsch schnell näher. Strahlend verließen die beiden mit einem Stapel Sandpapier – »sand paper« statt »some paper« –, zwei Spachteln und einem Pinsel den Laden.

Der verschwitzte, füllige Mittvierziger, der dann eintrat, hielt sich für unwiderstehlich und versuchte, mit einem tiefen Blick in die Augen meiner Tante 35 Prozent Rabatt für zwei große Reisetaschen herauszuhandeln. Drei Viertel seiner Körperfülle lagen schon über dem Ladentisch, als er zu allem Überfluss auch noch nach der Hand vom Tantchen haschte und darum bat, sie möge doch mal nicht so sein. Ich erwartete seinen Rausschmiss – doch für Tantchen war gerade dieser Kunde ein König. Sie schwatzte ihm freundlich auf, zusätzlich zu den Reisetaschen drei Kleiderbügel und zwei leere Schuhkartons mitzunehmen, sodass er seine Bordutensilien künftig noch viel besser verstauen könne. Dann rechnete sie ihm vor, was er bezahlt hätte, wenn er diese Dinge, also die Staukartons und Kleiderbügel, hätte kaufen müssen, und wie viel Rabatt das sei. Natürlich verschwieg sie, dass die Teile ohnehin bereits für den Sperrmüll aussortiert waren und er ihr einen Weg ersparte. Etwas verwirrt verließ der Dicke mit seinen Zugaben den Laden, und man sah ihm an, dass er nicht recht wusste, ob er nun gewonnen hatte oder nicht.

Natürlich gab es auch jede Menge nette Kundschaft, und Kinder, die es verdienten, erhielten beim Bezahlen ein paar Gummibärchen oder einen Aufkleber gratis. So herrschte die ganze Zeit reger Betrieb im Laden. Wasserkanister, meterweise Festmacher und Leinen, ein Dichtungssatz fürs Porta Potti – die tragbare Bordtoilette, Ruckdämpfer, Unterwasserfarbe, Schlauchanschlüsse, Schäkel, Karabiner, die unterschiedlichsten Blöcke und Klemmen, Sonnenschirme, Mützen und Sonnencreme, Fischkescher und Gummistiefel – das macht Umsatz in einem Laden für Segelzubehör. Freundliche Stammkunden, die von ihren Törnerlebnissen in der Adria berichteten, und vergnatzte Zeitgenossen, die gerade irgendwo bei einer Regatta verloren hatten, versüßen den Verkäuferalltag gewaltig.

Ein älterer Herr begann gar einen Streit mit seiner Frau, die unbedingt braune Bootsschuhe wollte. Blau passe zum Schiffe und zum Anstrich, und was anderes käme nicht in Frage, hörten wir ihn vor dem Schuhregal argumentieren. Die braunen säßen aber besser, widersprach die Frau. Doch der traditionsbewusste Skipper weigerte sich einfach, die braunen Schuhe zu bezahlen. Da wechselte seine Gefährtin plötzlich die Tonart: Er könne ja sein dämliches Schiff neu streichen, und überhaupt solle er froh sein, wenn sie ihn auf dem langweiligen Kahn überhaupt begleiten würde. Worauf er lospolterte, er könne auch die Frau auswechseln, es gäbe ja auch noch andere, dankbarere, die gern segelten und überhaupt. Sprach's und stürmte aus dem Laden.

Einen Sponsor suchenden Nachwuchssegler vertröstete Irmi auf den Tag, an dem der Chef selbst Dienst hatte, denn derlei Belange überschritten ihre Kompetenzen. Dafür versprach sie einer Damencrew, die unbedingt rotes Ölzeug mit weißen Streifen wollte, sich bei verschiedenen Herstellerfirmen kundig zu machen. Auch einen Riesenanker von zwei bis drei Metern, den ein Laubenpieper in den Vorgarten legen wollte, hatte sie leider nicht im Angebot. Wie er den transportiert hätte und wie schwer der wohl war, darüber hatte der Kleingärtner vermutlich gar nicht nachgedacht. Ein Skipper hatte sich per Handy gemeldet und vorab erforscht, ob es im Laden wohl noch passende Glühbirnen für seine 30 Jahre alte Beleuchtungsanlage gäbe. Nun stand er vor dem Elektroregal und staunte über die Sortenvielfalt.

»Ich habe Ihnen doch schon vorhin gesagt, es wäre das Beste, Ihre alte mitzubringen«, monierte meine Irmi.

Worauf prompt die Antwort kam: »Die schläft jetzt. Und wie kommen Sie darauf, dass die mehr Ahnung hat als ich?«

Selten so gelacht! Es blieb ihm trotzdem nichts anderes übrig, als seine alte Glühbirne zu holen.

Der Feierabend rückte heran. Während ich Tantchen half, ein wenig aufzuräumen, und wir schon die Ladenbeleuchtung löschen wollten, stürzte noch ein eiliger Kunde herein. Er wolle was probieren und bräuchte noch dringend einen Gummi – er habe da einen Tipp bekommen, den er unbedingt sofort ausprobieren müsse. Dass er einen Gummistropp meinte und sicherlich an seinem Boot was ausprobieren wollte, war klar, aber Tantchen saß der Ulk im Nacken, sie dachte wohl an den Reklamespot von »Tilly und den Kondomen«, als sie grinsend fragte: »Ein Standardmaß, Meterware oder mit Geschmack?«

»Am Stück! Den Knoten mach' ich mir selbst an die richtige Stelle«, antwortete unser aufgeregter Kunde wie aus der Pistole geschossen.

Als Stammkunde mit der Rollanlage des Leinen- und Gummimaterials sowie dem Schneidbrenner vertraut, schnitt er sich auch gleich selbst zwei Meter von der Rolle, legte das Geld auf den Tisch und verschwand – angetörnt von einer Idee, die er sofort umsetzen wollte.

Wir brachen in schallendes Gelächter aus und machten uns auf den Heimweg. Nun war mir klar, warum Irmi trotz des erreichten Vorruhestands lieber arbeiten ging und diesen Minijob als Glückstreffer bezeichnete.

Danksagung

Ich wünsche allen Freunden des Wassersports allzeit eine Handbreit Wasser unterm Kiel und den Seglern Mast- und Schotbruch auf ihren Törns, denn das sind die besten Voraussetzungen für eine erlebnisreiche Zeit auf See, wo es immer besonders viel »menschelt« und Geschichten, die das Leben schreibt, von ganz allein entstehen.

Ich bedanke mich bei allen Segelkameradinnen und -kameraden, mit denen ich gemeinsam unterwegs sein durfte, für die schönen Stunden an Bord und bei den Landgängen.

Namentlich möchte ich mich bei Alois Forst (bereits verstorben), Franz Zeller, Harry Belz, Hans-Jürgen Bollmann und Dietmar Sonnabend bedanken, von denen einer mich einst mit dem Segelvirus infizierte und die mich später, jeder auf seine Weise hilfreich, auf dem Weg von der Landratte zur ordentlichen Seglerin begleiteten.

Ganz besonderer Dank gilt Reinhard Kern, mit dem ich viele interessante, abwechslungsreiche, nicht immer ganz ungefährliche und manchmal auch sehr aufregende Törns erleben durfte, für seine hilfreiche fachliche Beratung bei der Entstehung dieses Buches.

Selbstverständlich danke ich auch meinen Lektorinnen Birgit Radebold und Monika Hoheneck, die mir mit ihrer offenen Art und konstruktiven Kritik noch viele gute Tipps gaben und mich vom Manuskript bis zum fertigen Buch begleiteten.